日本語から考える！

中国語の表現

永倉百合子／山田敏弘

白水社

デザイン　森デザイン室

まえがき

　日本語の文を、勉強している外国語に訳す、これは外国語学習の大きな目標のひとつです。私たちは日本語をながめつつ、この語は何て訳すのだろう、この文にはどんな文型を使えばいいのだろうか、と考えます。確かに訳語も文型も大切ですが、まず何より大事なことは、日本語の文が言わんとしていることが何なのかを正確に把握することです。訳す前に、日本語の助詞の使い方、文の終わり方、使っている語彙などにしっかりと目配りする必要があるでしょう。

　日本語と中国語には、同じ漢字を使った単語がたくさんあります。このことは私たちが中国語を勉強する上で便利な点であると同時に、大きな落とし穴になるとも言えます。中国語と日本語はそのしくみから考えると互いにまったく異なることばだからです。安易に同じ漢字の語そのものを使っては、決して正確な訳文はできません。

　また、日本語ではこう言うが中国語ではあまりそう言わない、中国語ならむしろこう言うだろう、という表現にもぶつかるはずです。それが正に、日本語と中国語、さらには日本人と中国人の発想の違いです。その違いを理解した上で、日本語を中国語にするのはやさしいことではありませんが、そこから異文化理解のおもしろさに気づければ、学習もますます楽しくなっていくでしょう。

　日本語に対する理解が深まれば深まるほど、中国語の表現も正確で豊かなものになり、またそのことが日本語を豊かなものにしてくれるはずです。このような繰り返しを通して、皆さんにはすぐれたことばの使い手になっていただきたいものです。

　中国語の表現については、友人・胡興智氏にたくさんの有意義なアドバイスをいただきました。この場を借りて感謝の意を表したいと思います。

　　　2011年　春

　　　　　　　　　　　　　　　　　　　　永倉　百合子

シリーズについて

　外国語を学ぶとき、「外国語の発想で考えなさい」と言われたことはありませんか。それも大切なことですが、「この日本語、どう訳したらいいのかな」と考えることも多いのではないでしょうか。でも、日本語から外国語に訳すとき、日本語のしくみをよく知らないのでは困りますね。たとえば、「あの人は、田中さんです」と「あの人が田中さんです」の違いを、あなたはうまく表現し分けられますか。母語である日本語のしくみ（文法）や発想を知らなければ、外国語で的を射た表現をするのは難しいのです。
　このシリーズは、日本語から外国語への橋渡しを意図して企画されました。まず、母語である日本語のしくみや発想をよく理解してもらうために、日本語の専門家である山田が日本語について解説をします。次に、それぞれの言語の専門家から、日本語の表現に合う外国語の表現を学びます。このような比較を通じて、日本語らしさとは、そして目標とする外国語らしさとは何かが、よりはっきりと見えてくるでしょう。
　さあ、日本語から始めてみましょう。そして、あなたの学ぼうとしている言語で、より正しく豊かな表現ができるようにしていきましょう。

2011年春　山田敏弘

目 次

まえがき 3
シリーズについて 4

§1 「あの人は、田中さんです。」と
「あの人が田中さんです。」
「は」と「が」 ……………………………………………8

§2 「お父さん、どこ行くの?」
「お父さんは会社に行くんだよ。」
代名詞と省略 ……………………………………………14

§3 「それが使いにくかったら、
あのペンを使ってください。」
指示詞 ……………………………………………………20

§4 「ひとつしか残っていなかった。」と
「ひとつだけ残っていた。」
とりたて助詞 ……………………………………………26

コラム1 「の」の使い方 ……………………………32

§5 「ひとつも見つかりませんでした。」
否定の捉え方 ……………………………………………34

§6 「ありがとうございました。」
「た」の働き ……………………………………………40

§7 「愛しています。」
進行と結果状態の表現 …………………………………46

§8 「見知らぬ人が話しかけてきた。」
　方向性の表現 ……………………………………………………52

　コラム2　オノマトペ（擬音語・擬態語）………………………58

§9 「ぼくたち、大きな魚に食べられちゃうよ。」
　受身と使役 ………………………………………………………60

§10 「隣の部屋で一晩中騒がれて眠れなかった。」
　被害の受身と恩恵表現 …………………………………………66

§11 「窓が開いた。」と「窓を開けた。」
　自動詞と他動詞 …………………………………………………72

§12 「彼は泳げない。」
　可能 ………………………………………………………………78

　コラム3　名詞の性質 ……………………………………………84

§13 「あの人は嬉しそうだ。」
　話し手の判断の表し方 …………………………………………86

§14 「少しゆっくり話してください。」
　働きかけの表し方 ………………………………………………92

§15 「もっと勉強しなければいけない。」
　義務・助言・許可の表現 ………………………………………98

§16 「おいしいステーキが食べたいなあ。」
　意志・願望の表現 ………………………………………………104

コラム**4**　その「〜と思います」は必要ですか? ………… 110

§**17**　「雨が降るから、傘を持っていきなさい。」
　　　　原因・理由と逆接の表現 ……………………………… 112

§**18**　「春になると花が咲く。」
　　　　条件と時間の表現 ………………………………………… 118

§**19**　「パリに着いた3日後、彼はローマに発った。」
　　　　名詞修飾表現1 …………………………………………… 124

§**20**　「仕事を終えた田中は、帰宅の途についた。」
　　　　名詞修飾表現2 …………………………………………… 130

コラム**5**　いろいろな意味をもつ「て」 ………………………… 136

§**21**　「先生がいらっしゃるので、玄関までお出迎えした。」
　　　　敬語と待遇表現 …………………………………………… 138

§**22**　「どちらへお出かけですか。」「ちょっとそこまで。」
　　　　応答表現 …………………………………………………… 144

§**23**　「おれは、行くぜ。」
　　　　終助詞 ……………………………………………………… 150

§**24**　「彼女は、小鳥のように高い声をしている。」
　　　　ことばの技法 ……………………………………………… 156

コラム**6**　社会的グループのことば ……………………………… 162

設問一覧　164

§1 「あの人は、田中さんです。」と「あの人が田中さんです。」
"「は」と「が」"

　「あの人は、田中さんです。」と「あの人が田中さんです。」2つの表現はよく似ていますが、言いたいことが微妙に違いますね。どちらの「あの人」も、「田中さんです」の主語であることには違いないのですが、「あの人は」と言った場合には、これに「あの人について話したい」という気持ち、すなわち、主題という捉え方が加わっているのです。

　自己紹介をする場面を思い浮かべてみましょう。当然、「私」について、話し始めますね。そのときには、「私は～」と主題の「は」を使って話し始めます。「私」についての話を始めるのですから、「は」を使います。「くじらはほ乳類だ。」のように一般的に言う場合や、「月は地球の周りを回っている。」のように、みんながよく知っているものが主語になる場合には、この主題の「は」を使うのがふつうです。

　「は」は、「～について話したい」という気持ちがあれば、(「何がどうした」や「何がどんなだ」の「何が」のような) 主語という働きがない場合にも使えます。

(1) **(手にとって示しながら) この本は、去年、私が書きました。**
(2) **この本は、表紙の色がすてきです。**

　(1)は、「私がこの本を書いた」のですから、「この本は」は目的語です。(2)では、「この本の表紙の色」という関係が考えられます。「は」には、ほかに、レストランで注文を聞かれて「ぼくはハンバーグです。」という場合に使ったり、「このにおいは、だれかが近くでゴミを燃やしているな。」のように使ったりする使い方もあります。とにかく、「～について話したい」という気持ちがあれば「は」が使

えるのです。

では、「は」を使わないで「が」を使うのは、どんなときでしょうか。ここでは、代表的な2つの場合を見ておきましょう。

(3) あ、人が倒れている。
(4) 私が林です。

(3)のように、はじめて見て気付いたときには、「は」を使いません。「あ、雨が降っている。」「おっ、もうガソリンがない。」のように、気付いたばかりのことは、ふつう主語を「が」で表します。(4)は、だれかが林さんを探していて、その答えがほしい場合に使います。たとえば、次のような場合です。

(5) 「ここに林さんはいますか。」
　　（手を挙げて）「私が林です。」

(5)の「が」は、「あなたが探しているのは、ほかの人ではありません。私ですよ。」という意味を含んでいます。なお、(5)は、「林は私です。」とも言えます。

このほかにも、「この本がほしい。」や「彼は、みかんがとても好きだ。」のように、「ほしい」「好きだ」「嫌いだ」などの目的語を表す場合に、「が」を使います。

Q 作文してみよう

① この本は、去年、私が書きました。
② この本は、表紙の色がすてきです。
③ あ、人が倒れている。
④ 「ここに林さんはいますか。」「私が林です。」

A 「あの人は、田中さんです。」「あの人が田中さんです。」という2つの文は「あの人」の後についた助詞が「は」なのか、それとも「が」なのかで意味が違っています。しかし中国語には「は／が／を」のような助詞がありません。たとえば「<u>魚が</u>（何かを）食べる」なら"鱼吃"、「（誰かが）<u>魚を</u>食べる」なら"吃鱼"となり、語順が日本語の助詞の働きをしているとも考えられます。

① この本は、去年、私が書きました。

「私は去年この本を書きました。」なら"我去年写了这本书。"で、［主語＋動詞＋目的語］という語順は英語と同じです。しかし①では「この本は」で始まっています。それは「この本」が主題だからです。中国語では、主題となるものを文の始めにもってきて、それについての説明をそのあと述べる、という文がよく使われます。

香港，我去过三次。Xiānggǎng, wǒ qùguo sān cì.
  香港は、（私は）三度行ったことがあります。

他做的菜，我们都喜欢吃。Tā zuò de cài, wǒmen dōu xǐhuan chī.
  彼の作る料理は、私たちはみんな好きです。

①の文も"这本书"を前に出して訳すことができます。

这本书，我去年写了。 Zhè běn shū, wǒ qùnián xiě le.　　**課題①**

また主題について「それがどういうものなのか」「それがどのようにしておこなわれたのか」具体的に述べるときよく使われるのが［〜是…的（〜は…なのだ）］という文型です。

这件事是小李告诉我的。Zhè jiàn shì shì Xiǎo Lǐ gàosu wǒ de.
  この事は李くんが私に教えてくれたのです。

这本书是在新华书店买的。Zhè běn shū shì zài Xīnhuá shūdiàn mǎi de.
  この本は新華書店で買ったのです。

①はこの文型を使って訳すこともできますが、そうすると「この本はこういうものなのだ」と説明するニュアンスが強く出ます。

这本书是我去年写的。 Zhè běn shū shì wǒ qùnián xiě de.　　**課題①**

② この本は、表紙の色がすてきです。

　これも①と同じく「この本」が主題で、それについて述べる文ですから"这本书"が先頭に来ます。「この本」に対する述語部分を見ると「表紙の色が、すてきです」とさらに［主語＋述語］になっています。中国語にも「主述述語文」と呼ばれる、これと同じつくりの構文があります。下の2つの文を比べてみてください。

<u>她的头发</u>很长。Tā de tóufa hěn cháng.　　彼女の髪は長いです。
<u>她</u>头发很长。Tā tóufa hěn cháng.　　　　　彼女は髪が長いです。

上の文は"她的头发（彼女の髪）"がどんなか、を述べています。しかし下の文は"她（彼女）"について述べる文です。「彼女」についてのさまざまな事柄の中から"头发"をとりあげて、それがどんなかと言っています。この下の文が主述述語文です。②も「この本」を主題とし、その中の「表紙の色」をとりあげ、それについて述べているので、主述述語文が使えます。

　「すてきだ」は英語"cool"の音訳"酷 kù"、「かっこいい、あかぬけている」の"帅 shuài"などもありますが、「表紙の色」についての視覚的なイメージなので"好看 hǎokàn（見た感じがきれい）"でいいでしょう。形容詞の肯定形にはふつう何らかの副詞をつけなくてはなりません。特に意味をつける必要がないときには"很"をつけます。ここも"很好看"でもいいのですが、話し手の「すてき！」という感情を出すなら"真"を使い"真好看"とするのもいい訳し方です。

这本书，封面的颜色真好看。
Zhè běn shū, fēngmiàn de yánsè zhēn hǎokàn.　　**課題②**

③ あ、人が倒れている。

　文頭の「あ」は感嘆詞"啊"を使えばいいでしょう。中国語にも"唉 āi／咳 hāi／哟 yō／咦 yí／噢 ō／哦 ò"など、たくさんの感嘆詞があり、さまざまな感情を表しています。同じ字でも声調の違いによって違った感情を表すことができます。

③のように驚きを表す場合、"啊"はáと第二声で発音します。「見てごらん」と相手の注意を喚起するのには、"你看！"という言い方もあります。"你看"は日本語で「ほら」というような場合にも使われます。ただ③のような、とっさに口から出た驚きの「あ」なら"啊"のほうがいいでしょう。

　「人が倒れている」これは話し手が今はじめて気付いたことで、この「人」も知らない「人」です。このようにあるものの存在、出現、消滅を表すのによく使われるのが「存現文」です。

桌子上放着一本书。Zhuōzishang fàngzhe yì běn shū.
　テーブルの上に1冊の本が置いてあります。

前面来了一辆汽车。Qiánmian láile yí liàng qìchē.
　前から1台の自動車が来ました。

　存現文では、［起こった場所→動詞→現われた人や物］の語順になります。③の文で倒れているのが発見されたのはおそらくひとりでしょうから"一个人"です。日本語ではあえて「ひとり」と言わない場合でも、中国語なら"一个"と入れたほうが自然です。「倒れている」は"躺 tǎng（横倒しになる、横たわる）"に状態の継続を表す"着"をつけて"躺着"とします。

啊，那儿躺着一个人。Á, nàr tǎngzhe yí ge rén.　**課題③**

　もしも人が腹ばいになって倒れていると言いたいのなら、"躺"のかわりに"趴 pā（腹ばいになる）"も使えます。「倒れる」は"倒 dǎo"とも言いますが、これは立っているものが倒れる動作を表します。③の文の人はすでに「倒れている状態」なのですから、動作性の動詞"倒"ではなく、状態性の動詞"躺"や"趴"を使いましょう。

④「ここに林さんはいますか。」「私が林です。」
　前半は林さんの存在を尋ねている文です。中国語では存在を表すのに2つの文型があります。

a．（場所）＋ 有 ＋（人・物）　どこに誰がいる／どこに何がある

那儿有一个钱包。Nàr yǒu yí ge qiánbāo.
あそこに財布があります。

b．（人・物）＋ 在 ＋（場所）　誰はどこにいる／何はどこにある

我的钱包在那儿。Wǒ de qiánbāo zài nàr.
私の財布はあそこにあります。

　どちらも「財布がある」と言っていますが、ａの財布が今はじめて目に入ったものであるのに対して、ｂはどの財布のことか、すでにわかっています。中国語ではａの文では固有名詞は使えません。というのも、固有名詞の表す人や物は、何のことか、もうわかっているからです。
　④の文では「私が林です。」という答えからわかるように、尋ねている人は「林さん」を知らないようです。"姓林的人 xìng Lín de rén（林さんという人）"とすれば、それははじめて登場してきた人であることがわかり、ａの文が使えます。

"这儿有姓林的人吗？　Zhèr yǒu xìng Lín de rén ma?" 課題④

　「私が林です。」この文には、「私が（ほかでもない、その）林です。」というニュアンスがあります。こんなときには"就"が使えます。"就"は"我马上就来。Wǒ mǎshang jiù lái.（私はすぐ行きます）"のような時間的な緊張感のほかに、気持ちの上での緊張感も表します。ほかの可能性が排除され、「これこそ」とか「必ずこうなる」というニュアンスを出すことができるのです。

"我就是林。Wǒ jiù shì Lín." 課題④

§2 「お父さん、どこ行くの?」「お父さんは会社に行くんだよ。」

"代名詞と省略"

　日本語では、目の前にいる人にどこへ行くか尋ねたいとき、「あなたは、どこへ行きますか。」とは、あまり言いません。だれについて聞いているのかわかっていれば、主語を省略して「どこへ行きますか。」と聞けばいいからです。第三者について聞く場合も、指を指して「どこ行くの?」と聞けば、わざわざ主語を言わなくてもわかってもらえます。特に、「どこへいらっしゃるの?」のように、敬語を使えば、その分、主語を特定しやすくなることもあります。

　答える側も、「ちょっとコンビニまで。」と、主語や動詞を省略して言うこともしばしばです。もちろん、「私は、そこのコンビニまで行って来ます。」と言うこともできますが、わざわざ言えば強調しているようにも聞こえます。

　日常会話では、主語以外もよく省略されています。

(1) (チョコレートを指して) いくつ食べる?
(2) 「お茶をいれてほしいなあ。」「自分でいれてよ。」

　(1)では「あなたはチョコレートを」という部分が省略されていますし、(2)では主語のほか、後ろの発言では「お茶を」も省略しています。このように、日本語は、その場面から理解できればあえて言わないことが多い、場面への依存度が高い言語なのです。

　文脈の中で省略されることもしばしばです。

(3) **昔、村はずれに、ひとりのきこりが住んでいました。そのきこりは、毎日、森へ木を切りに行きました。ある日、いつものように森へ行くと、大きな熊と出会いました。**

　(3)では、最後の文の「森へ行く」と「熊と出会いました」の主語

が省略されていますが、前の文の主語の「きこり」だとわかりますね。同じ主語なら省略して文章を続けていくことも多いのです。

もうひとつ、日本語には、「私」や「あなた」のような代名詞をあまり使わない理由があります。それは、代名詞の代わりに名前を使ったり自分の立場を表すことばを用いたりするからです。たとえば、父は自分の子に対して、「お父さん」ということばを、自分を指す代名詞の代わりによく使います。また、社長に向かって社員は、「社長」を代名詞代わりに使って話します。決して社長に向かって「あなたは」なんて言いません。

(4) （田中さんに向かって）これ、田中さんに差し上げます。
(5) 「お父さん、どこ行くの？」
　　「お父さんは会社に行くんだよ。」
(6) 「社長、社長はこのプランをどう思われますか。」

家族では年下が年上の人か同等の人を指して言う場合、そしてその年下の人に対して話し手が自分自身を指して言う場合に、「お父さん」「お母さん」「お兄ちゃん」「お姉ちゃん」のようなことばを、代名詞の代わりに使います。会社などでは、地位が上の人を「あなた」などの代名詞で呼ぶ代わりに、(6)のように、その地位を用います。

Q 作文してみよう

① （チョコレートを指して）いくつ食べる？
② 「お茶をいれてほしいなあ。」「自分でいれてよ。」
③ （田中さんに向かって）これ、田中さんに差し上げます。
④ 社長、社長はこのプランをどう思われますか。

要多少? Yào duōshao? どのくらいいりますか。
去哪儿? Qù nǎr? どちらへお出かけですか。

　中国語の日常会話でも主語はよく省略されます。上のような文は目の前の人に質問しているのですから、主語の"你"が省略されていると考えられます。省略されるのは主語ばかりでなく、"要多少?"では目的語の「何が」も省かれています。また次のような［名詞＋"呢"］を使った聞きかえしの疑問文では、状況から考えて想像できる内容が大幅に省略されています。

　我去北京旅游，你呢? Wǒ qù Běijīng lǚyóu, nǐ ne?
　　私は北京へ旅行に行きます、あなたは？

この文なら"你去哪儿?（あなたはどこへ行きますか？）"のような内容が省略されていると考えられるでしょう。

① （チョコレートを指して）いくつ食べる？
　この文にも主語がありませんが、相手に聞いているのですから「あなたは」が省略されていることがわかります。
　中国語の人称代名詞は日本語よりずっとシンプルで、2人称は"你"とやや丁寧な"您"です。初対面の人あるいは自分より年上の人に対しては"您"を使ったほうがいいかもしれません。①は「食べる？」とくだけた口調になっていますから、"您"よりも"你"のほうが合っています。
　中国語の主語の"你（您）"は、日本語の「あなた」ほど省かれません。その理由として、日本語の「あなた」が年上や目上の人には使えないのに対して"你（您）"にはそういう制限がない、ということが考えられます。相手が年上や目上の人でも"你（您）"を使えるのです。"你（您）"を省略しないもうひとつの理由としては、「自分と他者をはっきり区別する」「客観的な事実関係をあいまいにしない」という中国人のものの考え方があるのかもしれません。
　数を尋ねる疑問詞には"几"と"多少"があります。"几"は答えが10未満になると予想されたり上限が考えられる場合に使われ、

日本語の「いくつ」に当たります。"多少"には"几"のような数の制限がありません。①のチョコレートはそう多い数ではないでしょうから"几"を用いましょう。

また"几"の後には必ず量詞が必要です。量詞は、かたまりを数える"块"か、粒状のものを数える"个"です。

你要几块（／个）？ Nǐ yào jǐ kuài (/ ge) ?　　課題①

②「お茶をいれてほしいなあ。」「自分でいれてよ。」

「お茶をいれてほしいなあ。」と言った人は「（あなたに）お茶をいれてもらえれば（私は）嬉しいのだけど、そうしてもらえますか」ということを、やわらかい表現でお願いしています。中国語では日本語ほど婉曲な表現を使わず、むしろ事実を具体的に述べる傾向があります。しかし②のような言い方は「お茶をいれなさい」や「お茶をいれてください」とは明らかにニュアンスが違うのですから、その違いを出す工夫が必要です。

「お茶をいれる」は"沏茶 qī chá"です。"沏茶"は日本人が日本茶をいれるときのやり方です。また、お茶をいれる手の動作は"倒 dào"なので"倒茶 dào chá"とも言います。「私にお茶をいれてください」なら介詞句"给我（私のために、私に）"を動詞の前に置き、"给我倒杯茶吧。"です。

物がひとつだけあるとき、日本語ではあえて「1杯のお茶」「1台のテレビ」などとは言いません。しかし中国語は、よく［"一"＋量詞］を名詞の前につけておきます。このとき、数詞"一"が省略され量詞だけが名詞の前に残ることもあります。

また文末に語気助詞"吧"をつけると「いいでしょ」と相手に同意を求める語気を表すことができ、文の感じがやわらかくなります。

「（都合がいい、あるいは条件が許すので）できる」ことを表す能願動詞"能"を使って、次のように訳してもいいでしょう。

"能给我沏（／倒）茶吗？" Néng gěi wǒ qī (/ dào) chá ma ?　　課題②

「～してもいいですか／～してもらえますか」と言いたいとき、中国語ではよく、まず頼む事柄を言って、その後に"好吗？ hǎo ma？""可以吗？ kěyǐ ma？""行吗？ xíng ma？"をつける言い方をします。ですから②の文も、"给我沏（／倒）茶，好吗？"と言うこともできます。

答えの「自分でいれてよ。」は次のようになります。

"自己沏（／倒）茶吧。Zìjǐ qī (/ dào) chá ba."　課題②

これも文末に"吧"をつけることで、語調がやわらかくなります。また「何をするのか」わざわざ言わなくてもわかるときに使われるのが、代動詞の"来"です。日本語でも、お互いに何をするのかわかっているとき、「私がやるよ。」と言います。この「やる」に似ているのが"来"で、"我来，我来。（私がやります）"というフレーズが会話の中でよく使われます。②も「お茶をいれる」ことだとわかっていますから、具体的な動作を"沏茶"のかわりに"来"とし、"自己来吧。"と訳せます。"来"を使うことで、より口語らしい表現になるでしょう。

③ **（田中さんに向かって）これ、田中さんに差し上げます。**

これは「誰に何をあげる」という文ですから、二重目的語をとる動詞の"给"が使えそうです。2つ目的語があるときは、間接目的語（誰に）が先で、直接目的語（何を）が後ですから"我给田中先生这个。"となるのですが、これでは文として不自然です。③の文では「これ」が前に出ていますから、中国語でも"这个"は文頭にもってきましょう。

「田中さんに向かって」とあります。中国人の習慣としては、誰かに向かって何かを言い出すとき、まず呼びかけとして、相手の名前を言うことが多いようです。「田中さん」については性別などがわからないと正確には訳せないのですが、暫定的に男性の田中さんとしておきましょう。ですから"田中先生"で文を始めます。その後に"这个"が続きます。

③の日本語は「差し上げます」と丁寧な言い方をしていますが、

中国語では特別な場合を除いて、動詞の敬語体、丁寧体は使いません。しかし"您"を使うことで、相手に対して丁寧なことば遣いをしていることが表せます。

田中先生，这个，我给您吧。
Tiánzhōng xiānsheng, zhège, wǒ gěi nín ba.　　課題③

「差し上げる」が「プレゼントする」意味なら"送给 sònggěi（〜にプレゼントする）"を使い、"田中先生，这个，我送给您吧。"です。

"把"を使った文にするなら"田中先生，我把这个（送）给您吧。"となります。"把"の文にすると、目的語を「どのようにするのか」ということに焦点があてられる、そんな文になります。

④ **社長、社長はこのプランをどう思われますか。**
まず「社長」と呼びかけています。中国語で「社長」は、一般には"经理 jīnglǐ"です。中国語でも呼びかけにはよく役職名などを使います。2つ目の「社長」は"您"を使ったほうが自然でしょう。
「どう思われますか」は敬語表現ですが、③と同じく、"您"を使えば、そこから敬語表現を感じとってもらえます。「思う」には、一般的な「思う」の"想 xiǎng"、「認識する」の"认为 rènwéi"、感覚的に「思う」の"觉得 juéde"などの訳語があります。日本語で「この問題を専門家はどう見るか」と言いますが、中国語でもある事柄についてどのように考えるか、という意味で"看"がよく使われますから、次のように訳せます。

经理，您对这个计划怎么看？
Jīnglǐ, nín duì zhège jìhuà zěnme kàn?　　課題④

また、"怎么样"を述語として"经理，您看这个计划怎么样？"としてもいいでしょう。

§3 「それが使いにくかったら、あのペンを使ってください。」
"指示詞"

「それが使いにくかったら、あのペンを使ってください。」Aさんが Bさんにペンを渡しながらこう言ったとしたら、「それ（＝そのペン）」は、今、どこにあるでしょう。そうです。もうBさんが手に持っているはずですね。もし、Aさんが持っていれば「これが使いにくかったら〜」というはずです。このように、日本語では、話し手が手に持っているものや話し手の近くにあるものを「これ」や「この〜」で示し、聞き手が手に持っているものや聞き手の近くにあるものを「それ」や「その〜」で示します。

それでは、「あれ」や「あの〜」は、どのようなものを指すのでしょうか。実は、話し手からも聞き手からも離れているものを指す場合に使います。上の例文で言えば、「あのペン」は、Aさん、Bさん、どちらも手に持っていない、たとえば、ちょっと離れた机の上にあるペンを指しています。もう少し例を見てみましょう。

(1) こちらは、山田さんです。
(2) きみたち、そこで遊んじゃだめだよ。あっちで遊びなさい。

(1)では、人を指して「こちら」と言っていますが、紹介している人の近くに「山田さん」がいます。(2)は、「きみたち」がいる場所を指して「そこ」と言っています。「あっち」とは、話し手も「きみたち」もいない離れた場所です。

話の中にだけ出てくる人や物を指す場合にも、このような指示詞を使いますが、使い方は、少し違います。

(3) 「蓄音機って知ってる？」「何、それ？」
(4) 「ビートルズの HELP! ってレコードを、まだ持ってるよ。」
「あれは、いいアルバムだよね。」

(3)のように、話し手が知らない場合には、「それ」や「その～」などを使いますが、(4)のように共通に知っている場合には、「あれ」や「あの～」などを使います。指そうとしている物の名前を忘れたときに、「昨日のあれ、できてる？」と「あれ」で聞くのは、聞き手が知っていると思っているからです。

「これ」や「この～」などは、前に出てきた話全体または部分を指して、次のように使われます。

(5) **昨年一年間で円高が急激に進んだ。この影響で輸出企業が多数倒産した。**

(5)の「この～」は、前の文の「昨年一年間で円高が急激に進んだ」こと全体を受けています。

日本語の「これ」「それ」「あれ」は、外国語の指示詞とぴったりとは対応しないことがあるので、注意が必要です。

Q 作文してみよう

① （ペンを渡して）それが使いにくかったら、あのペンを使って。
② 「蓄音機って知ってる？」「何、それ？」
③ 「ビートルズのHELP! ってレコードを、まだ持ってるよ。」
　 「あれは、いいアルバムだよね。」
④ 昨年一年間で円高が急激に進んだ。この影響で輸出企業が多数倒産した。

A 日本語では話し手、聞き手からの距離によって「これ／それ／あれ」と３つの指示詞を使い分けますが、中国語では近いと思えば"这"、遠いと思えば"那"の２つに分かれるだけです。「近い／遠い」は感じ方の問題ですから、"这是什么？"と聞かれたときも、そのものが遠くにあると感じたら"那是～"、近くにあると感じたら"这是～"と答えればいいでしょう。"那是很重要的问题。(それは重要な問題です)"と言えば、客観的に語っている感じがしますが、"这是很重要的问题。(これは重要な問題です)"と言うと、問題が身近に存在したり、さし迫っていたりするような雰囲気が出せます。

① (ペンを渡して) それが使いにくかったら、あのペンを使って。

　始めに出てくる「それ」は、「そのペン」のことです。何のことかわかっているので「ペン」を省略しています。日本語とは逆になりますが、中国語にするときには、始めのほうを「そのペン」とし、後を「あれ」としたほうがバランスがよくなるでしょう。「それ」も「あれ」も近くにない物を指しているようですが、それは相対的な問題です。「ペンを渡して」からわかるように「それ(そのペン)」はそう遠くにはないようなので"这"を使い、「あのペン(あれ)」のほうに"那"を使いましょう。「そのペン」は"这支笔"、「あれ」は"那支"と名詞を省略した形にします。

　「それが使いにくかったら」の「～たら」は仮定の表現なので、"要是 yàoshi"などを使うことが考えられます。"要是"は"要是～的话"とよくセットで使われますが、"～的话"だけ使うと①の文の「～たら」のような軽い仮定のニュアンスが出せるでしょう。

　「使いにくい」は"好用(使いやすい)"の否定形"不好用"です。"好走(歩きやすい)""好懂(わかりやすい)"のような["好" ＋動詞]型の形容詞は、その動作をしやすいということを表します。「～しづらい」という意味の["难" ＋動詞]型の形容詞もありますが、ここの「使いにくい」は"难用"では意味が強すぎるので"不好用"のほうがいいでしょう。

　文末には、相手に同意を求めたり相談をもちかけたりする語気を

表す"吧"をつけます。

这支笔不好用的话，用那支吧。
Zhè zhī bǐ bù hǎoyòng de huà, yòng nà zhī ba.　　課題①

② ｢蓄音機って知ってる?｣｢何、それ?｣
　｢～というものを知っているか?｣と、おそらく｢蓄音機｣を知らないだろうと思われる相手に聞いています。｢蓄音機｣は"留声机 liúshēngjī"です。
　｢知っている｣にもさまざまな訳語が考えられます。｢面識がある｣なら"认识 rènshi"、｢よく知っている｣なら"熟悉 shúxi"ですが、②のような｢ある物事について知識がある｣という意味の｢知っている｣なら"知道 zhīdao"です。ふつうの語順なら"你知道留声机吗?"ですが、｢蓄音機｣は主題になっていますから、文頭に出しましょう。

"留声机，你知道吗？ Liúshēngjī, nǐ zhīdao ma?"　　課題②

"叫做 jiàozuò（～という）"を使って"叫做留声机的音响机器（蓄音機というオーディオ機器）"や"叫做留声机的东西（蓄音機という物）"とも訳せますが、ちょっと大げさな言い方になります。｢～って（いう物）｣という言い方は、"留声机"を文頭にもってくるだけで十分です。
　｢何、それ?｣は簡単に言うなら、"什么?"だけでも通じますが、ここでは｢それ｣がついています。②の｢蓄音機｣は今急に出てきた話題で、その物が目の前にあるわけではなく自分からは離れている感じがあるので、"那"を使います。

"那是什么？ Nà shì shénme?"　　課題②

まったくそのものの正体がわからず｢どういうものなのだ｣と言いたいなら"那是什么东西?"もいいでしょう。

③「ビートルズのHELP!ってレコードを、まだ持ってるよ。」
　「あれは、いいアルバムだよね。」

　「ビートルズのHELP!ってレコード」も②の「蓄音機」と同じく主題ですから、文頭にもってきます。「ビートルズ」は"披头四 Pītóusì"。"披头士 Pītóushì"という訳語もありますが、4人組ということから考えると"披头四"は名訳です。有名な地名、人名、外来語は公の刊行物、新聞などに使われている決まった字があります。「HELP!って」は「HELP!という」のことですから、"叫（～という）"を使いましょう。

　「まだ持っている」は"还有"です。状態や動作の継続を表すには［動詞＋"着"］を使います。しかし"有"は、

　这两种问题之间有着紧密的关系。
　Zhè liǎng zhǒng wèntí zhī jiān yǒuzhe jǐnmì de guānxi.
　　この2つの問題の間には緊密な関係がある。

のような抽象的な意味で使われる場合には"着"をつけることもありますが、いわゆる「持っている、ある」の"有"には"着"はつけません。「今もそうだ」ということを表したいなら、文末に語気助詞の"呢"をつけるといいでしょう。

　日本語では「まだ持ってるよ。」と目的語は省かれていますが、中国語にするときには、目的語は省かないほうが文の安定もよくなります。ここではおそらくレコードを1枚持っているのでしょうから"一套唱片 yí tào chàngpiàn"ですが、繰り返される"唱片"は省略したほうが文が簡潔になります。レコードの量詞は、平らな面のあるものを数える"张 zhāng"でもいいのですが、何曲も入ってセットになったもの、と考えると"套"が使えます。

　答えの「あれは、いいアルバムだよね。」も、話しているものが目の前にあるわけではありませんので"那是"で始めます。文末は「～だよね。」とやわらかい語気になっています。語気助詞の"啊"をつければその語気を出すことができるでしょう。

"披头四的叫HELP！的唱片，我还有一套呢。"
Pītóusì de jiào HELP! de chàngpiàn, wǒ hái yǒu yí tào ne.
"那是很好的专辑啊。" Nà shì hěn hǎo de zhuānjí a.　　課題④

④ 昨年一年間で円高が急激に進んだ。この影響で輸出企業が多数倒産した。

　これは新聞記事にあるような文です。このような文は、会話文のような省略、あいまいな言いまわし、婉曲な表現がないので比較的訳しやすいのですが、事実を正確に述べるよう、気をつけなければならないでしょう。

　「円高」は"日元升值 Rìyuán shēngzhí"、「進む」は"进展 jìnzhǎn"だからといって、これを機械的に［動詞＋目的語］の順に並べればいい、というわけではありません。「進む」も「前進して発展していく」という前向きなニュアンスなら"进展"、「程度が進んでいく」なら"加深 jiāshēn"、「悪い方向に進む」なら"恶化 èhuà"と状況によって使い分けなければなりません。ここでは「進む」ということばは使わず、"日元急剧 jíjù 升值（日本円の価値が急激に上昇した）"と訳したほうが自然な文になるでしょう。

　「〜の影響で」は"受〜的影响 yǐngxiǎng"と訳せます。「この影響で」とありますから、"受了这个影响"とも言えますが、新聞などの文では"其 qí（その）"を用い、"受其影响"という表現がよく使われます。"其"は昔からある語です。本来3人称の「彼（ら）／彼女（ら）／それ（ら）」を表す語ですが、「その」という遠称としても使われ"其他（その他）""其次（その次）"などは今も書きことばとしてよく使われています。

去年一年日元急剧升值，受其影响，不少出口公司纷纷倒闭。
Qùnián yì nián Rìyuán jíjù shēngzhí, shòu qí yǐngxiǎng, bù shǎo chūkǒu gōngsī fēnfēn dǎobì.　　課題④

"倒闭（倒産した）"の前に"纷纷（続々と、次々に）"を置くと、文のリズムも整うでしょう。

§4 「ひとつしか残っていなかった。」と「ひとつだけ残っていた。」
"とりたて助詞"

　日本語では、話し手ができごとに対してどのような捉え方をしているのかを、名詞などに付けるとりたて助詞と呼ばれる助詞によって表すことがあります。ここでは、「だけ」「こそ」「まで」「でも」を中心に見ていきましょう。

　「だけ」と「しか〜ない」は、限定を表します。

(1) ケーキを買いに行ったら、ひとつだけ残っていた。

(2) ケーキを買いに行ったが、ひとつしか残っていなかった。

　同じ限定を表すといっても、その捉え方は少し違っています。「だけ」は肯定的に捉えていて、(1)では「ひとつ残っていた」ことで十分だと捉えているように感じますが、「しか〜ない」は、否定的に捉えていて、(2)からは「足りない」という気持ちが強く伝わってきます。

　「お金さえあれば買えたのに。」のように、「ば」や「たら」の前にある「さえ」も限定です。また、「テレビばかり見ている」の「ばかり」のように、限定された同じできごとの繰り返しを表すとりたて助詞もあります。

　「他のものではない。これだ！」という際立たせを表すには、「こそ」を使います。

(3) きみこそ、我が社が求めていた人物だ。

　「こそ」を使うと、「きみ」にぱっとスポットライトがあたったような印象を与えます。同じような際立たせ方は、「我が社が求めていたのは、きみのような人物だ」のように、「〜のは、...だ。」という言い方でも表せます。

一例を示して他を暗示するとりたて助詞もあります。

(4) **宿題を忘れて、弟にまで笑われた。**
(5) **こんな簡単な問題、小学生の弟でもわかるよ。**

(4)の「まで」は、「弟」という極端な例を提示して、「みんなに笑われた」ということを示します。単なる「弟に笑われた」では表せない悔しさが、ここには出ています。(5)の「でも」も似ていて、「小学生の弟」がわかるのだから、皆がわかるということを言いたいのです。

数を表す語に付いて、それが多いと感じているか少ないと感じているかを表す、数量の捉え方に関する表現もあります。

(6) **10人も来た。**
(7) **ざっと見ても100人はいるだろう。**

「も」は数量を表す語と一緒に使うと、多いという気持ちを表します。「は」も(7)のような場合、「少なく見ても」という意味が加わります。

日本語のとりたて助詞は、ことばの裏を読ませる、小さなスパイスなのです。

Q 作文してみよう

① ケーキを買いに行ったが、ひとつしか残っていなかった。
② きみこそ、我が社が求めていた人物だ。
③ 宿題を忘れて、弟にまで笑われた。
④ 10人も来た。

A 日本語では「だけ」「しか」「さえ」などの助詞を用いて、数量の多い・少ないを際立たせたり、多くのものの中からひとつをとりたてて強調したりすることがあります。中国語では主に副詞がこの働きをします。

　这里有一本书。Zhèli yǒu yì běn shū.
　　ここに1冊の本があります。

　这里只有一本书。Zhèli zhǐ yǒu yì běn shū.
　　ここに1冊だけ本があります。／ここに1冊しか本がありません。

「1冊本がある」という事実は同じでも、"只"の一語によって、話し手が「少ない」と感じていることがわかります。

① ケーキを買いに行ったが、ひとつしか残っていなかった。

　「～しかない」を表すのによく使われるのは副詞の"只"です。「残っている」の「残る」は"剩 shèng"ですが、これに「その状態にとどまる、落ちつく」という意味を添える方向補語"下"をつけ"剩下"とします。"只剩下"で「～だけ残っている／～しか残っていない」です。「ひとつだけ残っている／ひとつしか残っていない」という内容は存在を表していますから、存現文を使いましょう。存在が明らかになったものは動詞の後に来ます。ケーキに使う量詞はかたまり状のものを数える"块"ですから、後半の文は"只剩下一块"となります。

　"只剩下一块"は「ひとつだけ残っていた」「ひとつしか残っていなかった」の両方に訳せます。ともかく事実としては「たったひとつ残っていた」ということで、話し手がそれを肯定的に捉えているのか、それとも否定的に捉えているのかは、文脈から判断するしかありません。

　前半の「ケーキを買いに行った」は、助詞「に」を使って動作の目的を表しています。しかし中国語に訳すときには、"为了 wèile（～するために）"などを使わず、連動文を使うと自然な文になります。連動文では〔(V₁ + O₁) + (V₂ + O₂)…〕と動詞には必ず目的語がつかなければなりませんが、動詞"来／去"に限って、す

ぐ後にほかの動詞が来てもかまいません。

我坐船去中国。Wǒ zuò chuán qù Zhōngguó.（手段）
私は船に乗って中国へ行きます。

我来参加这个活动。Wǒ lái cānjiā zhège huódòng.（目的）
私はこの活動に参加しに来ました。

連動文では手段を表す動詞句は前に、目的を表す動詞句は後ろに置きます。ですから「ケーキを買いに行く」は"去买蛋糕"です。

中国語では前後の意味のつながりが予想できるような場合、あえて接続詞は使いません。しかしこの文では「買いに行ったのだけれど、しかし…」というはっきりした逆接の意味がありますから"但是""可是"などで文をつなげたほうがいいでしょう。

我去买蛋糕，但是只剩下一块了。
Wǒ qù mǎi dàngāo, dànshì zhǐ shèngxia yí kuài le.　課題①

② きみこそ、我が社が求めていた人物だ。

簡単に言うと、これは「きみは～だ」という文ですから、"你是～"という文を作ればいいのです。中国語にも"人物 rénwù"という語がありますが、この文の意味から考えると"人材 réncái（人材）"のほうがふさわしいでしょう。「人物」を修飾している「我が社が求めていた」は"我们公司一直需要"と訳せますから、"的"でつなげ"我们公司一直需要的人材"となります。副詞"一直"をつけることで「前からずっと求めていた」という感じを出すことができます。

しかし②の文には「こそ」があり、「ほかの人ではだめで、ほかならぬきみこそが」という意味があります。この「こそ」の意味を出すのによく用いられるのが副詞"就"です。

吃了药就好。Chīle yào jiù hǎo.
薬を飲んだらすぐよくなった。

这儿就有这一本书。Zhèr jiù yǒu zhè yì běn shū.
ここにはこの1冊だけあります。

このように"就"にはさまざまな使い方がありますが、いずれにせよ、文に緊張感を加える働きをします。時間的にさっさと事が運ぶ場合や、余分な可能性や選択肢を排除し「これこそ」ととりたてる場合などに使われるのです。②の文も"是"の前に"就"を置けば「きみこそが」という意味を表せるでしょう。

你就是我们公司一直需要的人材。
Nǐ jiù shì wǒmen gōngsī yìzhí xūyào de réncái.　　課題②

③ 宿題を忘れて、弟にまで笑われた。

この文もわざわざ「それで／そして」のようなつなぎのことばは使わず、「宿題を忘れた」「弟にまで笑われた」と並べるだけで、文の意味は十分表すことができ、また自然な中国語になります。

前半の「宿題を忘れて」は主語「私は」が省略されています。しかしやはり「誰が何をした」のかはっきりさせたほうがいいので"我"はつけましょう。「宿題を忘れて」も「宿題をするのを忘れて」＝"忘了做作业"のように動詞句を使ったほうが自然です。

後半の「弟にまで笑われた」の「まで」は極端な例をあげる強調の表現です。ふつう弟は年上の「私」のことは笑わないのでしょうが、失敗をした私を、その弟さえ笑った、ということです。このような言い方には"连～也（都）…"を使うと便利です。

连你也批评我吗？ Lián nǐ yě pīpíng wǒ ma?
　きみまで私を批判するのか。

他连法语也会说。 Tā lián Fǎyǔ yě huì shuō.
　彼はフランス語まで話せる。

このように「いつも味方だと思っていたそのきみまで…」「英語は話せると思っていたが、まさかその上フランス語まで…」と驚いている感じが出せます。③の文では「弟にまで笑われた」となっているので、"被"などを使って受身の表現にすることが考えられます。しかし"连～也（都）"は受身の文と一緒には使えません。ここはあえて受身の文にしなくても"连～也（都）"によって、そんな目

にあった、という感じは伝わります。

我忘了做作业，连我弟弟也笑话我。
Wǒ wàngle zuò zuòyè, lián wǒ dìdi yě xiàohua wǒ. 課題②

④ 10人も来た。

この文では"小王来了。(王くんが来た)"のように知っている人が来たのではなく、10人の人が急に出現したことを述べています。こういう文には存現文を使いましょう。存現文ですから、動詞が先、現れたものが後で"来了十个人。(10人来た)"になります。

しかし④の文は「10人も」とあり、思いがけなく多いことに驚いていることを表しています。このようなときよく使われるのが副詞の"竟 jìng"です。"竟"は意外性を表すので、数が多くても少なくても、あるいは肯定的な事実にも否定的な事実にも使えます。

没想到他竟参加这次旅行了。
Méi xiǎngdào tā jìng cānjiā zhècì lǚxíng le.
　彼が今回の旅行に参加するとは思ってもみなかった。

一个班竟有五个留学生。 Yí ge bān jìng yǒu wǔ ge liúxuéshēng.
　1クラスになんと5人も留学生がいる。

ですから④の文も"竟"を使って次のように訳せるでしょう。

竟来了十个人。 Jìng láile shí ge rén. 課題④

コラム 1

「の」の使い方

日本語では、「田中さんの本」「田中さんのお母さん」「田中さんの会社」のような所有や帰属関係を、「の」を使って表します。所在地を表す「大阪の大学」などを含め、広い意味で関係性があるということを表すのが「の」の基本的な使い方です。このような表現は、中国語ではどうなりますか。

「大阪大学」と「大阪の大学」のように、「の」があるかないかで意味が違う場合もあります。反面、「大阪の名物」は「大阪名物」と言っても同じ意味になります。中国語では、このように、「の」に当たることばを使うときと使わないときはありますか。もしあるのなら、それは日本語とどう違いますか。

「の」は、解釈が紛らわしい場合もあります。「田中さんの絵」はどういう意味になるでしょうか。「田中さんが描いた絵」「田中さんを描いた絵」「田中さんが持っている絵」などの解釈が考えられます。このように、日本語では、「の」の解釈を文脈に委ねる場合もあります。中国語ではどうでしょうか。

教えてください。

国語で「田中さんの本」の「の」に当たるのは助詞の"的"で、"田中的书"と語順も同じです。
　　しかし"的"の前に来る語が"我""你们""他・她"などの人称代名詞で、しかも"的"の後ろに来る語が、その人の家族やその人の属しているものであるとき、"的"はよく省略されます。

　　我爸爸　私のお父さん　　**你们公司**　あなたがたの会社

　さらに日本語では「3びきの犬」と言うところも、「の」に当たる"的"は入れてはいけません。

　　三只狗　3びきの犬　　**两个苹果**　2個のリンゴ

　"的"のあるなしで意味が変わってしまう、これは日本語と似ています。

　　中国地图　　中国地図→中国のことを描いてある地図
　　中国的地图　中国の地図→中国製、あるいは中国で使われている地図

　また、中国語では「〜人の」に当たる語は省略してしまい、「外国人の先生」なら"外国老师"、「中国人の友達」なら"中国朋友"と言います。"中国的朋友"と言えば「中国という国にとっての友人」ということです。さらに、次の文を見てください。

　　关于经济改革的论文　guānyú jīngjì gǎigé de lùnwén
　　　経済改革に関する論文
　　这是我最喜欢的电影。 Zhè shì wǒ zuì xǐhuan de diànyǐng.
　　　これは私が一番好きな映画です。

"的"=「の」と簡単には言えないことがわかります。"的"は「"的"の前が、"的"の後ろを修飾する」マークと考えればいいでしょう。日本語を勉強している"中国学生"が間違って「これは私が買ったの本です。」と言ってしまうのも"的"=「の」という印象が強いからなのでしょう。

§5 「ひとつも見つかりませんでした。」
"否定の捉え方"

　否定とは、「食べる」に対する「食べない」や、「寒い」に対する「寒くない」のように、「食べる」や「寒い」という事態が成立しないという意味を表す表現です。多くは「ない」（丁寧な場合には「ません」や「ないです」）を使って表されます。

(1)　彼は、鶏肉は食べるが、豚肉は食べない。
(2)　家の中はそれほど寒くない。

　日本語では、数量の0は、否定です。コンピュータの検索結果で、「該当する0個の項目が見つかりました。」と言うよりも、「該当する項目は、ひとつも見つかりませんでした。」と否定で言うのが自然です。ほかに、「現実的だ」の否定を「非現実的だ」と「非」のようなことばを前に付けて表すこともあります。
　日本語では、否定疑問に対し否定で答えるときに、「はい」で答えます。

(3)　「田中さんを見なかった？」「はい、見ませんでした。」

　また、否定疑問は、肯定を前提としているので、肯定疑問より丁寧に聞こえたり、逆に話し手の意見を押しつけるように感じたりすることがあります。

(4)　これについて、何か質問はありませんか。
(5)　この服、安いと思わない？

　(4)は、「質問はありますか。」よりも丁寧な質問として答えやすいでしょう。(5)は、「安いと思う？」が純粋に問うているのに対し、話し手が「安い」と思っていると主張しながら質問しているように

感じられます。

　全部否定する場合と部分的に否定する場合の区別も重要です。

(6)　**全員は答えられなかった。**
(7)　**悲しいから泣いているんじゃありません。嬉しいんです。**

(6)は、「全員ではないが、何人かは答えられた。」と、部分的に否定する表現です。「全員答えられなかった。」とは意味が違います。(7)のように「悲しいから泣いている」全体を否定したい場合には、「泣いているんじゃない」とします。「泣いていない」とすると、「泣いていない」の原因が「悲しいから」という意味になり、つじつまが合いません。

　日本語では、否定を使ったほうが自然であると感じることもあります。有名な格言の「ナポリを見て死ね。」は、似た意味の「日光を見ずして結構と言うな。」のように否定で言ったほうがわかりやすいですね。日本語は、よく否定を使う言語なのです。

Q 作文してみよう

① （コンピュータの検索結果）該当する項目は、ひとつも見つかりませんでした。
② 「田中さんを見なかった？」「はい、見ませんでした。」
③ 全員は答えられなかった。
④ 悲しいから泣いているんじゃありません。嬉しいんです。

A 中国語で「～(では)ない」と否定するのに、最もよく使われるのは副詞の"不"です。

我吃猪肉。Wǒ chī zhūròu. 　　　　　私は豚肉を食べます。
→我不吃猪肉。Wǒ bù chī zhūròu. 　　私は豚肉を食べません。

このように、"不"で事実は否定されます。
　しかし動作の完了、進行、継続、経験を表す文や、結果補語を使った文などでは、"没(有)"を使って否定文を作ります。

我看了今天的报纸。Wǒ kànle jīntiān de bàozhǐ.
　　私は今日の新聞は読みました。
→我没(有)看今天的报纸呢。Wǒ méi (yǒu) kàn jīntiān de bàozhǐ ne.
　　私は今日の新聞は読んでいません。

我爬过富士山。Wǒ páguo Fùshìshān.
　　私は富士山に登ったことがあります。
→我没(有)爬过富士山。Wǒ méi (yǒu) páguo Fùshìshān.
　　私は富士山に登ったことがありません。

"不"と"没(有)"を比べてみると、"不"は「そういうことではない」と事実を否定します。ですから"不"を使った否定文には話し手の判断が感じられます。一方"没(有)"は「そういうことはない／そういうことはなかった」と事実の存在を否定しているのです。

我没(有)吃过上海菜。Wǒ méi (yǒu) chīguo Shànghǎicài.
　　私は上海料理を食べたことがありません。

上の文は「上海料理を食べたことがある」という事実がない、ということを表しています。

① 該当する項目は、ひとつも見つかりませんでした。
　「該当する項目」は主題なので文頭にもってきます。「該当する」は"符合条件 fúhé tiáojiàn（その条件に合う）"です。"的"で名詞に

つなげ"符合条件的项目 xiàngmù"とすればいいでしょう。

「ひとつも…ない」には§4③で用いた"连～也（都）…"を使うと便利です。「ひとつも…ない」と日本語で言うのと同じように、中国語でも数詞"一"を使い強調を表します。

「見つける」はふつう"找 zhǎo（探す）"に目的の達成を表す結果補語"到"をつけた"找到"がよく使われます。"找到"を否定にするには"没有找到"でもいいのですが、可能補語の否定形を使い"找不到 zhǎobudào"とすると、ただ見つからなかったというだけでなく、「探して見つけようとしたけれど、結局は見つけることができなかった」というなりゆきを表すことができます。

符合条件的项目，连一个都找不到。
Fúhé tiáojiàn de xiàngmù, lián yí ge dōu zhǎobudào.　　**課題①**

② 「田中さんを見なかった？」「はい、見ませんでした。」

日本語は「そう思いますか」と「そう思いませんか」では明らかにニュアンスが違い、相手に同意を求めるときには「そう思いませんか」のほうを使うでしょう。また会話では「田中さんを見た？」より「田中さんを見なかった？」のほうがやわらかく自然な感じがします。

中国語にも否定疑問文はあり、［否定文＋"吗"］という文型になります。「見る」は"见"ですが、それに動作が確実におこなわれたことを表す結果補語"到"をつけ"见到"としましょう。結果補語のついた動詞は"没（有）"で否定しますから、②の前半は次のように訳せます。

"你没（有）见到田中吗？"
Nǐ méi (yǒu) jiàndào Tiánzhōng ma ?　　**課題②**

ただ中国語では、否定疑問を用いて肯定疑問より丁寧な表現をする、ということは日本語ほど意識されないようです。

質問に対する答え方は、中国語では事実に即して、答えが肯定なら「はい」、否定なら「いいえ」で答えます。これは否定疑問でも

同じです。そしてまた今話されている文の動詞あるいは形容詞の肯定形を言えば「はい」、否定形を言えば「いいえ」の役割を果たします。②の後半でも、まず今話している動詞の否定形"没（有）见到"を「いいえ」として言います。"没有"で否定している場合は"没有"だけでもかまいません。中国語は一般に文が短いので、事実を間違いなく伝えるために、「はい／いいえ」の後にもう一度フルセンテンスを言うことが多いようです。"没有，我没见到田中。"となります。

"没有，（我）没见到（田中）。"
　Méi yǒu, (wǒ) méi jiàndào (Tiánzhōng).　　課題②

③ 全員は答えられなかった。

「全員」は"所有的人 suǒyǒu de rén（すべての人）"と訳せばいいでしょう。この文の主語が「全員が」なら全体否定で"所有的人都不能回答。(全員が答えられませんでした)"です。"都"は、すべてカバーする意味を表します。ところが③の文は「(答えられた人もいたけれど)全員は答えられなかった。」という部分否定です。

中国語では"不"の置かれる場所によって全体否定と部分否定という意味の違う2つの否定文ができます。

我们都不是留学生。Wǒmen dōu bú shì liúxuéshēng.（全体否定）
　　私たちは全員留学生ではありません。
我们不都是留学生。Wǒmen bù dōu shì liúxuéshēng.（部分否定）
　　私たちは全員留学生というわけではありません。

"不"が否定しているのは"不"の後の部分です。ですから③の文も"所有的人不都能回答。"となります。また"不是"を使って、事実そのものを否定する訳し方もあります。「全員が答えられた」を"不是"で否定するのです。

不是所有的人都能回答。
　Bú shì suǒyǒu de rén dōu néng huídá.　　課題③

こうすると「すべての人が答えられた、ということではない」となり、③の文の意味をわかりやすく、しかもはっきりと表すことができるでしょう。

④ **悲しいから泣いているんじゃありません。嬉しいんです。**
　「嬉しいんです。」も「嬉しいから泣いているんです。」ということです。つまりこの文は泣いている理由が「悲しいから」ではなく「嬉しいから」だと言っているのです。「〜ではなく…だ」と言いたいときに使うと便利なのが"不是〜就是…"です。

不是我说错了，就是他听错了。
Bú shì wǒ shuōcuòle, jiù shì tā tīngcuò le.
　私が言いまちがえたのではなく、彼が聞きまちがえたのです。

不是不想去，就是没有时间去。
Bú shì bù xiǎng qù, jiù shì méi yǒu shíjiān qù.
　行きたくないのではなく、行く時間がないのです。

　「悲しいから泣いている」の「悲しい」は"感到悲伤 gǎndào bēishāng"です。その後に接続詞"而 ér"、さらに"哭 kū（泣く）"をつけ、"感到悲伤而哭"とします。"而"は非常に古くから使われている接続詞で、逆接の「しかし」、補足説明の「その上また」、順接の「そうして」などさまざまな意味で使われますが、ここでは前の部分で述べた理由を受け、その後の結果につなげています。
　後半の「嬉しいんです。」も理由ですから、"感到高兴而哭"でもいいのですが、同じ文型を避けるなら"高兴得哭了起来。（嬉しくて泣いてしまった）"と言ってもいいでしょう。

不是感到悲伤而哭，就是高兴得哭了起来。
Bú shì gǎndào bēishāng ér kū, jiù shì gāoxìngde kūle qǐlai.　　課題④

§6 「ありがとうございました。」
"「た」の働き"

「た」は、基本的に過去と完了を表します。

(1) 昨日は、5時に起き<u>た</u>。
(2) 彼は、もう起き<u>た</u>？

(1)のように、影響が現在に及んでおらず現在から切り離すことのできる一時点に生じたできごとを示すのが過去です。一方、(2)のように現在まで影響（この場合、「もう起きている」こと）が続いているできごとを完了と考えます。完了の「た」は、多く「もう〜た」あるいは「すでに〜た」という形を取ります。

否定文になると、過去は「た」のままですが、完了は「た」を使いません。

(3) 昨日は、5時に起き<u>なかった</u>。（いつもは5時に起きるのだけれど）
(4) 彼は、まだ起きてき<u>ていない</u>。

日本語では、古典の時代に完了を表していた「たり」が、過去も完了も表すようになり現在に至っているため、過去と完了の区別があいまいなのです。

日本語の「た」には、一見すると、なぜここで過去や完了と捉えなければならないか、説明しにくいものもいくらかあります。

(5) ぼくの傘、ここにあっ<u>た</u>！
(6) ありがとうございまし<u>た</u>。

(5)や「バス、来たよ。」にしても、考えてみれば、傘は今目の前にあるわけですし、バスにしてもまだ来ていません。できごとは、

まだ過去になっていませんし、完了もしていません。なぜ「た」を使うかと言えば、それは、認識が成立したことを表しているからです。(6)や、結婚式の後の「おめでとうございました」は、感謝や祝意といった気持ちは持続しているのですが、その対象となるできごとが終了したという認識があり、「た」を使っています。

　一方で、日本語の小説を読んでいると、過去なのに「た」を使っていないことに気付くこともあります。日本語では、文末で時間を表すため、すべての文が「た」で終わると単調さを覚えてしまいます。そこで、「でした」や「ていました」を「です」や「ています」にすることもあるのです。日本語には、日本語の「た」の使い方があるのです。

　注意したいのは、「前」や「後」などの直前の「た」の使い方です。

(7)　彼が来る前から、外に出て待っていた。
(8)　もうすぐ彼が来るはずだから、彼が来た後で乾杯をしよう。

　(7)は、「彼が来た」のも過去ですから、「今」を基準にすれば過去の「た」を使うはずです。しかし、日本語では、「彼が来た前から」とは言いません。「外に出て待っていた」時点で「彼はまだ来ていない」ため、「た」を使わないのです。逆に、(8)では、「乾杯する」時点で彼はもう来ているため、未来でも「た」を使います。日本語は、2つのできごとの相対的な時間の前後関係で、「前」や「後」などの直前に「た」を使うかどうかを決める言語なのです。

Q 作文してみよう

① 昨日は、5時に起きた。今朝も5時に起きたから、まだ眠い。
② 彼は、まだ起きてきていない。
③ ぼくの傘、ここにあった！
④ 彼が来る前から、外に出て待っていた。

A
- 我买了那本词典。Wǒ mǎile nà běn cídiǎn.
- 私はその辞書を買った。

この2つの文を比べてみると、中国語の"了"は、過去を表す日本語の「た」に当たるように見えるかもしれません。しかし"了"は動詞が過去形であることを表す語ではないのです。中国語には時制がありません。もちろん、過去のこと、現在のこと、未来のことという違いはありますが、それによって動詞の形が変化することはない、ということです。

小时候我经常去爷爷家玩儿。
Xiǎoshíhou wǒ jīngcháng qù yéye jiā wánr.
　小さいとき、私はよくおじいちゃんの家に遊びに行った。

このような文も"小时候（小さいとき）"があるから過去のことだとわかり、"去"は「行った」と訳されるのです。"小时候"をとってしまい、"我经常去爷爷家玩儿。"とすれば、これは過去のこととも現在のこととも取れます。
　動詞の後についた"了"は動作が過去だということではなく、その動作が完了したことを表しています。

咱们吃了饭就出去吧。Zánmen chīle fàn jiù chūqu ba.
　私たちはごはんを食べたら出かけよう。

この文のように「ある動作が完了したら…」という意味を表すときは、未来のことでも"了"を使います。これは日本語で、未来のことでも「ごはんを食べたら（食べたならば）」と「た」を使うのと似ています。

① **昨日は、5時に起きた。今朝も5時に起きたから、まだ眠い。**
　「昨日は」とありますから前半は過去のことです。しかし上で述べたように、過去のことだからといって動詞を過去にすることはなく"起床（起きる、起床する）"をそのまま使います。
　「今朝も5時に起きた」も"也（～も）"が入りますが、文のつく

りは同じです。

今天早上也是五点起床。Jīntiān zǎoshang yě shì wǔ diǎn qǐchuáng.

"是"はなくても文の意味は通じますが、入れることによって「こういうことなのだ」と事実を確認するニュアンスを出すことができます。

「5時に起きたから、まだ眠い」の「から」は、「から」の前が理由、そしてその後に結果が続くことを表しています。理由と結果の文によく使われるのは"因为~所以…（~なので…となる）"です。ただ①のような文で"因为~所以…"を使うと因果関係が強く出すぎる感じがします。"所以"だけを使い、次のようにすると自然な文になるでしょう。

昨天我五点起床。今天早上也是五点起床，所以还很困。
Zuótiān wǒ wǔ diǎn qǐchuáng. Jīntiān zǎoshang yě shì wǔ diǎn qǐchuáng, suǒyǐ hái hěn kùn. 課題①

「眠い」は"困 kùn"（繁体字では"睏"）です。形容詞の肯定形には何か副詞を、特に意味を加える必要がない場合には"很"をつけることも忘れないようにしてください。

② 彼は、まだ起きてきていない。
「起きてくる」は動詞"起"に方向補語"来"をつけ"起来"とします。「彼はもう起きてきました。」なら"他已经起来了。"です。"已经（もう）"は"了"と相性がよく、次のようによく一緒に使われます。

这个问题已经解决了。Zhège wèntí yǐjing jiějué le.
　この問題はもう解決しました。

我已经买了那本汉语词典。Wǒ yǐjing mǎile nà běn Hànyǔ cídiǎn.
　私はもうその中国語の辞書を買いました。

この「もう~した」の否定「まだ~していない」が"还没（有）"です。

爸爸还没回来。Bàba hái méi huílai.
　　お父さんはまだ帰ってきていない。

我还没做好今天的作业呢。Wǒ hái méi zuòhǎo jīntiān de zuòyè ne.
　　私は今日の宿題をまだやり終わっていない。

　完了の文が否定文になると、状態の文になります。ですから"了"は消えて、文末には"呢"をつけることができるのです。
　②の文も同様に訳せますが、中国語は具体的に述べる傾向がありますから、後者のように「彼はまだ眠っていて起きてきていない」と訳すこともできます。

他还没起来。Tā hái méi qǐlai. ／
他还睡着没起来。Tā hái shuìzhe méi qǐlai.　　課題②

③ ぼくの傘、ここにあった！

　日本語の「ぼく」は比較的若い男性が使う1人称ですが、中国語には「わたし、わたくし、ぼく、おれ、わし…」などの使い分けがなく1人称はみな"我"になります。"我的雨伞 yǔsǎn（ぼくの傘）"は主題ですから文頭にもってきましょう。
　③は存在に気付き「ここにあった」と過去の「た」を使っていますが、それは、傘の存在を「たった今確認できた」ということです。中国語では"在这儿"でいいでしょう。"我的雨伞在这儿。"と続けて読めば「ぼくの傘はここにある／ぼくの傘はここにあった」という平板な叙述文になりますが、次のように"我的雨伞"で一時停止して読めば、③の文の雰囲気をよりはっきり出すことができます。

我的雨伞，在这儿！Wǒ de yǔsǎn, zài zhèr !　　課題③

また"原来 yuánlái"を使うこともできます。

我以为是谁呢，原来是你。Wǒ yǐwéi shì shéi ne, yuánlái shì nǐ.
　　誰かと思ったら、あなただったのだ。

屋子里怎么这么热，原来关着窗户。
Wūzili zěnme zhème rè, yuánlái guānzhe chuānghu.
部屋の中がなんでこんなに暑いのかと思ったら、窓が閉まっていたんだ。

"原来"は「そういうことだったんだ」と、今まで気付かなかったりわからなかったりしたことが、明らかになった、という文を作ります。ですから③の文も次のように言うことができるでしょう。

我的雨伞，原来在这儿！ Wǒ de yǔsǎn, yuánlái zài zhèr!　　課題③

④ 彼が来る前から、外に出て待っていた。

「彼が来る前から」とありますが、ここは、動作がいつから始まったかではなく、「彼が来る以前に、もうすでに」と言いたいのです。ですから"在他来这儿以前（彼がここへ来る前に）"とすればいいでしょう。④の文にはどこに来るのかは書かれていませんが、場所を表すことばがないと、文は安定しません。

「外に出て」「外で」ということを言っているので、介詞構造を使い"在外面"としましょう。そして「待っていた」は動作の継続ですから"着"を動詞につけて"等着"とします。

後半の"我"の後には副詞"就"を入れるといいでしょう。§4②にも出てきましたが"就"はさまざまな意味で文に緊張感を生みだす働きをします。時間的な意味では、短時間内にさっさと起こることを表します。つまり「彼が来る前に、もう…」となります。

在他来这儿以前，我就在外面等着。
Zài tā lái zhèr yǐqián, wǒ jiù zài wàimian děngzhe.　　課題④

§7 「愛しています。」
"進行と結果状態の表現"

　日本語では、できごとが続いているという意味（進行）を、「～ている」を使って表します。

(1)　グラウンドで彼が走っている。
(2)　愛しています。

(2)のように、英語では-ingを使わない、「愛している」「住んでいる」「持っている」も、日本語では「ている」を使って表します。
　「～ている」には、進行のほか、次のような用法もあります。

(3)　彼は、毎週、テニス教室に通っている。
(4)　あれ、窓が開いている。
(5)　彼は、二度、北海道に行っている。

(3)は、毎週繰り返される動作を、進行のように捉えて「～ている」を使っています。一方、(4)は、「開く」という変化の結果生じた状態を「開いている」で表しています。「車にひかれたのかカエルが死んでいる」や「この機械は壊れている」のような場合も同様です。日本語で「今、北海道に行っている」というのは、「北海道に行って、そこにいる」という意味です。ただ、(5)のように、回数を表す語とともに用いれば、人などの経験・経歴を表します。これは、「行ったことがある」と似た意味をもっています。
　進行と似た意味をもっているのが、「～つつある」や「～続ける」です。

(6)　地球温暖化が進む中、氷河が少しずつ溶けつつある。
(7)　会議が終わっても、彼らは議論をし続けた。

「溶けている」というと、溶けた結果生じた状態という意味になってしまいます。このような場合、「〜つつある」を用いて変化の進行を表すことがあります。ただし、「走りつつある」と言えば、まだ走っていないけれど走り出しそうな兆候が見られるという意味になります。

結果が残っているという場合、(4)のように「〜ている」を使う代わりに「〜てある」を使うこともあります。

(8) **換気のために窓が開けてある。**

「〜てある」は、誰かが意図的におこなった動作の結果が残っていることを表します。単に「開いている」というよりも、「誰かがわざわざそうした」という意味が加わっています。このように、結果が残っていることを表す場合、(4)の「開く」のような自動詞には「〜ている」を付け、(8)の「開ける」のような他動詞には「〜てある」を付けるのが基本です。

Q 作文してみよう

① 愛しています。
② 彼は、二度、北海道に行っている。
③ 地球温暖化が進む中、氷河が少しずつ溶けつつある。
④ 「あれ、窓が開いている。」「換気のために開けてあるんだよ。」

A 日本語では、動作が進行していることも、変化の結果、状態が持続していることも「〜ている」で表せますが、中国語では動作の進行は["在"＋動詞]、状態の持続は["着"＋動詞]と異なる文型で表されます。

爸爸在看电视。Bàba zài kàn diànshì.
　お父さんはテレビを見ています。(動作の進行)

窗户开着呢。Chuānghu kāizhe ne.
　窓は開いています。(状態の持続)

また「私は毎日あそこで昼ごはんを食べている」のような習慣的に繰り返すことを表す文は、"我每天在那里吃午饭."がふつうの言い方です。

① 愛しています。

この文では主語も目的語も省略されていますが、状況から考えれば「誰が誰のことを愛しているか」わかります。しかし中国語は、ふつう「誰が」という主語は省きません。また目的語もはっきりさせておいたほうがいいでしょう。

①の文は「私はあなたを愛しています。」と考えられます。

我爱你。Wǒ ài nǐ.　**課題①**

「愛しています」と「〜ています」が使われていますが、"爱（愛する)""恨 hèn（うらむ)""怕 pà（おそれる)""知道（知っている)"のような、感覚、感情、心理状態などを表す動詞には"在"や"着"を使いません。このような動詞はもうすでに「ある状態が続いていること」を表しているからです。

また、主語による動詞の語形変化はありませんから、主語が何であれ動詞は同じ形で、"爱"です。

② 彼は、二度、北海道に行っている。

「彼は、北海道に行っている。」なら今現在の状況ともとれますが、「二度」とあるので、「北海道に行ったことがある」という経験を表

していることがわかります。中国語で経験を表すには、動詞の後に"过"をつけます。

> 我看过鲁迅的小说。Wǒ kànguo Lǔ Xùn de xiǎoshuō.
> 私は魯迅の小説を読んだことがあります。
>
> 我以前学过德语。Wǒ yǐqián xuéguo Déyǔ.
> 私は以前ドイツ語を勉強したことがあります。

②の文も"过"を使います。動作の回数を表すことばは、動詞の後ろ、目的語があれば目的語の前です。

他去过两次北海道。 Tā qùguo liǎng cì Běihǎidào. 　課題②

もし「北海道」が主題になっているのなら、"北海道"を文頭にもってきて、"北海道, 他去过两次。"と訳してもいいでしょう。
②の「～ている」は、「そのことはもう経験済みだ」ということを表していますが、今から時間的にそう遠くない過去において「そのことはもう済ませてある」と言いたいときには、結果補語の"完"や、"过"と"了"を一緒に使って、次のような文を作ることもできます。

> 作业, 已经做完了。Zuòyè, yǐjing zuòwán le.
> 宿題はもう済ませてある。
>
> 税款, 已经付完了。Shuìkuǎn, yǐjing fùwán le.
> 税金はもう納めてある。
>
> 我们吃过午饭了。Wǒmen chīguo wǔfàn le.
> 私たちは、昼ごはんは済ませてある。

③ 地球温暖化が進む中、氷河が少しずつ溶けつつある。

「～中」は"～之中 zhī zhōng"という言い方もありますが、挨拶での決まり文句"百忙之中（お忙しい中）"などのほかには、あまり使われません。ですから「～中」にこだわらず、その意味を的確に表せる訳文を考えてみましょう。「地球温暖化が進む中」は「地球温暖化の進む今日」と考えられます。

「進む」は"进行 jìnxíng"で、"进行讨论 tǎolùn（討論を進める）""进行调查 diàochá（調査を進める）"などのように、ある事を推し進めていくときよく使います。「地球温暖化」は"全球变暖 quánqiú biànnuǎn"という訳語があります。"变暖（暖かくなっていく）"の中に「進む」の意味が入っていますから、あえて「進む」と言わなくても"全球变暖的今天"で十分意味を表せます。「溶けつつある」の「〜つつある」は正に今進行しているのですから、["(正) 在"＋動詞]を使います。

　「溶ける」は動詞"溶化 rónghuà"でもいいのですが、この文で言いたいのは「溶ける」という動作ではなく「消えていっている」ということなので"消失 xiāoshī"のほうがいいでしょう。"一点一点地（少しずつ）"は副詞ですから動詞の前に置きます。

全球变暖的今天，冰河正在一点一点地消失。
Quánqiú biànnuǎn de jīntiān, bīnghé zhèngzài yìdiǎn yìdiǎn de xiāoshī.　　課題③

④「あれ、窓が開いている。」「換気のために開けてあるんだよ。」

　前半の文は感嘆詞「あれ」で始まっています。この文のように何かに気付いて驚いているときは、"啊"を第二声で á と読みます。

　「窓が開いている」というのは、誰かが窓を開け、その状態が今も持続しているということなので、動詞に、持続を表す助詞の"着"をつけ"开着"とします。"在"や"着"のある文ではよく文末に語気助詞"呢"をつけます。

　「〜ために」を表すのは介詞の"为"と"为了"です。名詞句の前では"为"がよく使われ、動詞句の前では"为了"が使われます。

为我们的健康干杯！　Wèi wǒmen de jiànkāng gānbēi !
　我々の健康のために乾杯！

为了学好汉语，我们应该认真学习。
Wèile xuéhǎo Hànyǔ, wǒmen yīnggāi rènzhēn xuéxí.
　中国語をマスターするために、私たちはまじめに勉強すべきです。

　"换气 huànqì（換気する）"は重ね型にすると「ちょっと〜する」

という意味になり、語調が軽やかになります。動詞"换气"のつくりは［動詞＋目的語］ですから重ね型にするときには"换"だけを繰り返し"换换气"とします。

日本語では「窓が開いている」と「窓が開けてある」はニュアンスが違います。しかし中国語ではどちらも"窗户开着呢。"と訳してかまいません。④の後半の文では「換気のために」とはっきり目的が示されていますから、おそらくこの人が窓を開けておいたのだ、と想像できます。「何をどのようにしたのか」と言いたいときには"把"を使うといいでしょう。ここで使う動詞、つまり窓に対しておこなった動作は"打开（開ける）"ですから、次のように訳せます。

"啊，窗户开着呢。Á, chuānghu kāizhe ne."
"为了换换气，我把它打开了。Wèile huànhuan qì, wǒ bǎ tā dǎkāi le."

課題④

§8 「見知らぬ人が話しかけてきた。」

"方向性の表現"

　日本語では、「見知らぬ人が私に話しかけた。」は、自然な表現とは言えません。なぜならば、日本語は、文の中に「私」がいる場合、移動を含む動作を、「私」中心で捉えたがる言語だからです。この場合、「見知らぬ人に話しかけられた」のように受身で言うか、あるいは次のように言うのがふつうです。

(1) 見知らぬ人が話しかけてきた。

「てくる」を使うと自然に聞こえますね。
　日本語では、「私」が主語にあるときにはもちろん、「私」が主語にないときにも、何らかの方法で「私」が世界の中心であることを表したがります。次のような表現も同じです。

(2) 友だちが電話を掛けてきてこう言った。
(3) 「うちに遊びにおいでよ。」「うん、行く。」

　(2)では、省略されていますが、電話の受け手は「私」です。「私」が電話を掛けるのであれば、「友だちに電話を掛けてこう言った。」となるはずです。(3)も、日本語では、私が友だちの家へ移動すると捉えて「行く」を使います。このように、日本語は、「行く」「来る」や補助動詞の「～ていく」「～てくる」を使って、「私」から見た移動の方向性を表す言語なのです。日本語では、「私」の今いるところを基準として、そこへ近づく場合に「(～て) くる」を、そこから離れる場合に「(～て) いく」を使います。

(4) ピザを買ってきたよ。
(5) (訪問先の友人に電話で) 何か買っていこうか。

日本語の出がけのあいさつが「行きます」ではなく「行って来ます」なのも、帰ってくるという移動が前提とされているためです。そうでないと、寂しい別れになってしまいます。
　「〜ていく」「〜てくる」の用法を、もう少しだけ見ておきましょう。

(6)　飛行機が東の空から飛ん<u>できた</u>。
(7)　今日のデート、何を着<u>ていこう</u>かなあ。

「飛ぶ」や「泳ぐ」は、単独では動作しか表しません。移動を表したいときには必ず「〜ていく」「〜てくる」と組み合わせて使います。「着る」や「(帽子を)かぶる」のような衣服類の装着を表す動詞は、衣服や帽子を装着した状態で移動することを表します。「持っていく」なども同類です。
　このように、日本語は移動という性質には敏感な言語です。
　「〜ていく」と「〜てくる」は、変化を表す動詞とともに用いて、少しずつ変化をすることを表すこともあります。

(8)　平均株価がじわじわ上がっ<u>てきた</u>。このまま上がっ<u>ていく</u>かなあ。

Q 作文してみよう

① 見知らぬ人が話しかけてきた。
②「うちに遊びにおいでよ。」「うん、行く。」
③ 飛行機が東の空から飛んできた。
④ 平均株価がじわじわ上がってきた。このまま上がっていくかなあ。

A 「駆けてくる」「駆けていく」、このような言い方をすると、動作の動きと方向が具体的に感じられます。「駆けてくる」なら「駆けて自分のほうに近づいてくる」、「駆けていく」なら「駆けて自分のいる所から遠ざかっていく」のです。基準となるのは、自分、話し手、会話のおこなわれている所で、そこに動作が近づいてくるなら「〜てくる」、そこから動作が離れていくなら「〜ていく」になります。

中国語で「〜てくる」「〜ていく」と同じような働きをするのが方向補語です。動作が近づいてくるなら"来"、動作が遠ざかっていくなら"去"を動詞の後につけるのですから、日本語と似ています。

买来　買ってくる　　　拿来　持ってくる
走去　歩いていく　　　飞去　飛んでいく

中国語の方向補語には"来／去"のほかにもうひとつのグループがあり、"上（下から上へ）／下（上から下へ）／出（中から外へ）／进（外から中へ）／回（帰る）／过（過ぎる）／起（起きる）"と、こちらは動作の方向を客観的に表します。

さらにこれらの方向補語と"来／去"が組み合わさった形で動詞の後につき、さまざまな意味を加えます。

走上来　歩いてあがってくる　　　走上去　歩いてあがっていく
走下来　歩いておりてくる　　　　走下去　歩いておりていく
走出来　歩いて出てくる　　　　　走出去　歩いて出ていく
走回来　歩いてもどってくる　　　走回去　歩いてもどっていく
走过来　歩いてやってくる　　　　走过去　歩いていってしまう

ひとつの動詞でこれだけ多くのことが言えるのも、方向補語のおかげです。

① **見知らぬ人が話しかけてきた。**

「話しかけてきた」の「〜てきた」から、動作が自分に向けられていることがわかります。上で述べたように、方向補語の"来"が

使えそうです。しかし「話しかける」に当たる中国語 "搭话 dā huà" には「こちらに向かう」という方向を表す意味がすでに含まれているので、方向補語をつける必要はありません。"跟（／和）～搭话" と、介詞フレーズと一緒に使い、①の述語部分は "跟我搭话" と訳すことができるでしょう。

主語の「見知らぬ人」は "不认识的人" あるいは一語で "陌生人 mòshēngrén" "生人 shēngrén" などの訳語が考えられますが、人や物が急に登場してくる場合、中国語では "有～" で「こういう人がいる／こういう物がある」とまず存在を明らかにし、その後を兼語文にすることがよくあります。

有陌生人跟我搭话。 Yǒu mòshēngrén gēn wǒ dā huà.
（／**一个陌生人跟我搭话。** Yí ge mòshēngrén gēn wǒ dā huà.） 課題①

② 「うちに遊びにおいでよ。」「うん、行く。」

前半は誘いの文です。中国語では誘いの文は命令文の一種と考えます。丁寧な言い方なら "请（どうぞ）" で始めますが、②は「～おいでよ」から親しい間柄のくだけた会話だとわかるので、"请" は使わず、動詞で始めます。文末に語気助詞の "吧" をつけることで「いいでしょ」と相手に同意を求める語気が出せるでしょう。「うちに遊びに来る」という内容は、連動文を使います。連動文では、目的を表す動詞句は後、手段や方法を表す動詞句は前に来ます。②の「遊ぶ」は「うちに来る」目的ですから "来我家玩儿" となります。

"来我家玩儿吧。 Lái wǒ jiā wánr ba." 課題②

それに対する答え「うん、行く。」はどう言ったらいいでしょうか。「うん」には "嗯 ǹg" "哦 ò" などもありますが、この状況を考えてみると、相手の誘いに同意し受け入れたことを表すのですから "好" のほうが合います。日本語にはありませんが、相手の誘いを受け入れて、きっぱり「行く」と言っているので "一定（きっと）" を入れるのもいいでしょう。

"**好，我一定去。** Hǎo, wǒ yídìng qù."　**課題②**

日本語には主語がありませんが、"一定去。"だけでは命令文ともとれてしまいますから、"我"はつけて言いましょう。

　日本語の「～てくる」は中国語の"～来"と、日本語の「～ていく」は中国語の"～去"と、その使い方はほぼ同じですが、中国語では相手の立場を中心に考え、「行く」に"来"を使うこともあります。たとえば「入ってもいいですか。」を英語で"May I come in?"と言うのと同じように"可以进来吗？"と言います。ですから②の後半も"好，我一定来。"と訳すこともできます。

③ **飛行機が東の空から飛んできた。**

　方向補語を使うのに最適な文です。まず主語の「飛行機」は"一架飞机"と数詞"一"と量詞"架jià"をつけておきます。"飞机（飛行機）"に使う量詞は、つっかえや支えの上に乗っているような物を数える"架"です。"电视（テレビ）"や"照相机（カメラ）"を数える量詞も"架"なのは、昔のテレビやカメラは支えや三脚の上に乗っていたからです。

　「東の空から」の「～から」は、隔たりを表す"离"ではなく、動作の出発点を表す"从"を使います。「東の空から」を文字通り訳すと"从东边的天空tiānkōng"となりますが、こうすると「空からどこへ行くのか」という感じになってしまいます。飛行機が空を飛んでいるのはわかりきっていますから、"东边（東）"だけのほうがいいでしょう。"从东边（東から）"は介詞句なので、動詞の前に置きます。

　「飛んできた」とこちらに近づいて来るのですから、"飞"に方向補語"来"をつけて"飞来（飛んでくる）"でもいいのですが、ある距離を経過して近づいてくる場合"过来"のほうが状況をよりはっきりと表すことができるでしょう。

一架飞机从东边飞过来了。
　Yí jià fēijī cóng dōngbian fēiguòlai le.　**課題③**

④ **株価がじわじわ上がってきた。このまま上がっていくかなあ。**

「株価が上がる」は"股票价格上涨 gǔpiào jiàgé shàngzhǎng"です。方向補語には派生義と呼ばれる抽象的な使い方があり、本来の具体的な動作の向きから離れ、物事の傾向、雰囲気など抽象的な内容を表します。たとえば、ある状況になってくる、ある状況が現われてくるときには"黑上来 hēishànglai（暗くなってくる）"のように"上来"が使われます。④も「上がってきた」とありますから"上来"が使えそうですが、"上涨"には「上がってきている」という変化の意味が含まれていますから、方向補語はつける必要がありません。

「じわじわ」は擬態語です。中国語の擬音語、擬態語は日本語よりずっと少なく、日本語なら擬音語、擬態語を使うところでも、必ずしも擬音語、擬態語を使って訳す必要はありません。「じわじわ」はあることがゆっくりながら確実に進行していることを表します。中国語に訳すなら、やはり"慢慢"や"一点儿一点儿地"などの副詞を使えばいいでしょう。

「このまま上がっていく」の「～ていく」は、今やっている動作を続けてやっていったり、今の状況がこれからも継続していくことを表していますが、そのような表現によく使われるのが、方向補語の"下去"です。"下去"は本来、「上から下へ落ちていく」という動作の方向を表しますが、ここでは「ある傾向がこれからも続いていく」という抽象的な意味をつけ加える働きをしています。ただ"上涨下去"とすると"上"と"下"で煩わしい感じがしますので、ここは"涨"だけを使い、"涨下去"とし、「さらに」の"还"、そして可能性を表す助動詞"会"をつけます。また"继续 jìxù（つづく）"を使ってもいいでしょう。

股票价格慢慢上涨。还会涨下去吗？（／还会继续上涨吗？）
Gǔpiào jiàgé mànmàn shàngzhǎng. Hái huì zhǎngxiàqu ma？
(／Hái huì jìxù shàngzhǎng ma？) 課題④

コラム **2**

オノマトペ（擬音語・擬態語）

日本語には、「鳥がぴよぴよ鳴く」や「石が坂をコロコロ転がる」のようなオノマトペ（擬音語・擬態語）がありますが、中国語にもあるのでしょうか。たとえば、マンガのように背景に音を表すことはあると思いますが、どんなものがありますか。

母音についても、「イヒヒ」と笑えば「うふふ」よりも陰湿な感じがしますね。ほかにも、「アハハ」は明るい笑い声、「エヘヘ」はちょっと照れた感じを表します。中国語でも同じように感じるのでしょうか。また、日本語であれば、「コロコロ」よりも「ゴロゴロ」のほうが大きな石に感じられますが、中国語はどうでしょうか。

中国語にも、銃声は"砰 pēng（≒バーン）"、水の流れる音は"哗啦哗啦 huālāhuālā（≒サラサラ）"、雨音は"滴滴答答 dīdīdādā（≒ポツポツ）"、犬は"汪汪 wāngwāng（≒ワンワン）"、猫は"咪咪 mīmī（≒ミャアミャア）"…とさまざまな擬音語がありますが、その数は日本語ほど多くはありません。"砰"は銃声の「バーン」だけではなく、物が壊れる音「ガシャン」や、門などが閉まる音「バタン」としても使われ、"滴答"は雨音の「ポツポツ」以外に、時計の「カチカチ」という音にも使われます。「バーン」と「バタン」を、また「ポツポツ」と「カチカチ」を同じ語で表しているのです。中国語で非常によく使われる"劈里啪啦 pīlipālā"などは「パチパチ、パンパン、パラパラ…」とさまざまな音として使われ、動作の進みの速さを表す擬態語「さっさと」にも当てられます。

　動作や状態を表す擬態語も、日本語よりはかなり少ないようです。また日本語なら擬態語を使うところを、

ごろりと横になる　　　→ **随随便便地躺下** suísuíbiànbiàn de tǎngxia
　　　　　　　　　　　　　（リラックスした状態で横になる）
ひりひり痛い　　　　　→ **火辣辣地疼** huǒlàlà de téng
　　　　　　　　　　　　　（火が燃えるように痛い）
さっと行って帰ってくる → **快去快回来** kuài qù kuài huílai
　　　　　　　　　　　　　（早く行って早く戻る）

と、具体的に述べます。

　動詞・形容詞の後に、その状態を表す語を2つ並べてつける言い方もあり、これも擬態語に似た働きをしています。

气冲冲 qìchōngchōng　　ぷんぷん怒る（"冲"＝強い勢いでぶつかる）
滑溜溜 huáliūliū　　　　つるつる滑る（"溜"＝滑る）
圆滚滚 yuángǔngǔn　　ころころ丸い（"滚"＝転がる）

　しかし辞書をひくと「ころころ転がる」も「ごろごろ転がる」も"叽哩咕噜地滚 jīligūlū de gǔn"となっているのですから不思議です。

§9 「ぼくたち、大きな魚に食べられちゃうよ。」

"受身と使役"

　小魚が主人公の話で、「大きな魚が、ぼくたちを食べちゃうよ。」と言ったら、どう感じますか。日本語としては文法的だけど、なんだか日本語らしくないなと感じるでしょう。日本語では、(1)のように受身を使うほうがより自然です。

(1) **ぼくたち、大きな魚に食べられちゃうよ。**

　日本語は、「私」を主人公にしたがる言語です。もちろん、「私」を客観化して表現することもなくはないですが、「私」が関わっている文では、「私」を主語にして話したいというのが、日本語らしさなのです。

　受身文では、動作を受ける側が主語になります。動作をする人は、主語ほどめだたないため省略されることも少なくありません。(2)や(3)のように、動作をする人が特に言及する必要のない場合や不特定の場合には、受身を使って省略しやすくします。

(2) **1852年、この地にはじめて鉄道が敷かれた。**
(3) **日本では、多くの方言が話されている。**

　「私」を主語にする以外に、身内やひいきのスポーツチームのように、心理的に近い人や団体なども、日本語では主語になりやすく、そのため、それらが動作を受ける側である場合には受身を用いて表されるのが一般的です。

(4) **（サッカー中継）日本、ゴールを決められ、同点に追いつかれたー！**

　日本とオーストラリアのチームが対戦しているときに、「オース

トラリアがゴールを決め、同点に追いついたー！」とは、ふつうは言いませんね。日本語の受身文では、動作のありかたにもよりますが、一般に、「私」や身近な人などが主語になるのが自然なのです。

他の人に働きかけてできごとを実現させる場合、次のように使役を使います。使役には、強制力の強い使役と、今やっていることを容認する使役があります。

(5)　コーチは、試合前に選手たちを走ら<u>せ</u>た。
(6)　公園で子どもがもっと遊びたがったので、しばらく遊ば<u>せ</u>ておいた。

(5)は「選手たちが走る」ことを「コーチ」が働きかけて実現させています。「走る」や「泳ぐ」のような自動詞の使役文では、実際に動作をする人（この場合「選手たち」）は「を」と「に」のどちらでも表されます（「を」のほうが、より強い強制力が感じられます）。(6)は、親が強制したわけではありません。使役は、必ずしも強制的な場合にのみ使われるわけではないのです。

このほかにも、日本語では、「買っておいたのを忘れていて、ケーキを腐らせた。」のような、何もしなかったことに対する責任を表す場合にも、使役を使うことがあります。

受身と使役は、能動文で表されるできごとを、立場を替えて捉える表現です。

Q 作文してみよう

① ぼくたち、大きな魚に食べられちゃうよ。
② 日本では、多くの方言が話されている。
③ コーチは、試合前に選手たちを走らせた。
④ 公園で子どもがもっと遊びたがったので、しばらく遊ばせておいた。

A (2)の文を中国語にするとこうなります。

1852年这里第一次铺设了铁路。
Yī bā wǔ èr nián zhèli dì yī cì pūshèle tiělù.
1852年、この地にはじめて鉄道が敷かれた。

次のような日本語ならふつう受身にする文でも、中国語では能動態の文が使われます。

这样的表达方法，在日本人的会话里经常使用。
Zhèyàng de biǎodá fāngfǎ, zài Rìběnrén de huìhuàli jīngcháng shǐyòng.
このような表現は日本人の会話でよく使われます。

今天隆重举行开幕典礼。Jīntiān lóngzhòng jǔxíng kāimù diǎnlǐ.
本日開幕式が盛大におこなわれました。

受身の文には"被 bèi"（口語では"叫 jiào""让 ràng"）が使われ、[A 被（／叫／让）B～]（AはBに～される）という文になります。"被"は日本語でも「被る（自分の意思とは関係なく、多くの場合あまりよくない目にあう）」と言うことからわかるように、中国語の受身の文も、本来はあまりよくない目にあったことを表すときに使われていたようです。

使役の表現に使われるのは"叫""让""使 shǐ"です。

老师叫我们回答问题。Lǎoshī jiào wǒmen huídá wèntí.
先生は私たちに問題に答えさせた。

爸爸不让我一个人去外国旅行。
Bàba bú ràng wǒ yí ge rén qù wàiguó lǚxíng.
お父さんは私にひとりで外国へ旅行に行かせない。

他的态度使我感动。Tā de tàidu shǐ wǒ gǎndòng.
彼の態度は私を感動させた。

このように、指示や命令をしてやらせるときは"叫"、許可してやらせるときは"让"、人を心理的なある状態にさせるときは"使"という使い分けをします。

ただ「ケーキを腐らせてしまった」のような、ある状況になるのを許してしまったことを表すには、使役文は使わず、"把"を使って"我把蛋糕搁坏 gēhuài 了。(私はケーキを腐らせてしまった)"と、それを具体的にどんな状態にしたかを述べる文にします。

① **ぼくたち、大きな魚に食べられちゃうよ。**

童話やアニメのセリフのような文ですが、中国語にするとこのことばの子どもらしい雰囲気は出せず「私たち、大きな魚に食べられてしまいますよ。」と同じ訳文になります。

「食べられてしまう」は明らかにひどい目にあうことなので"被"を使った受身の文にすることができます。受身の文の主語は"我们（ぼくたち）"、実際に行為をおこなうのは"大鱼（大きな魚）"ですから"我们被大鱼～"となります。

"被"などを使った受身の文では動詞がそれひとつで使われることはなく何かがついた形をとります。この文なら"吃"に「すっかりとられてしまう／すっかりなくなってしまう」ことを表す結果補語"掉 diào"をつけ"吃掉"とすると、「食べられちゃう」ということばの雰囲気を出すことができます。

さらに可能性を表す助動詞"会"を主語のすぐ後に、「そういうことになるのだ」という確認の語気を表す"的"を文末につけると、①の日本語の文により近い訳文になるでしょう。

我们会被大鱼吃掉的。 Wǒmen huì bèi dàyú chīdiào de. 　課題①

② **日本では、多くの方言が話されている。**

日本語は「話されている」と受身になっていますが、中国語では単に事実を述べる文であれば、ふつう受身の文は使わず、受身の文にするとかえって不自然になってしまいます。

本来は、あまりよくない目にあったことを述べるのに使われる中国語の受身表現ですが、実は悪いことでない場合にも使われることがあります。

他被同班同学选为班长。Tā bèi tóngbān tóngxué xuǎnwéi bānzhǎng.
　彼はクラスメートによって学級委員長に選ばれた。

しかしその場合でも、「何かの働きかけがあってそうなった」という内容なのです。②の文が言っていることは「日本には多くの方言がある」という事実なので、やはり受身は使わず、次のようにします。

日本有很多方言。 Rìběn yǒu hěn duō fāngyán.　　**課題②**

方言は「話されているもの」なので、あえて「話す」ということを訳さなくていいでしょう。

③ コーチは、試合前に選手たちを走らせた。

　「コーチ（教练 jiàoliàn）」が「選手たち（运动员 yùndòngyuán）」を走らせる、という使役の文です。人に命じてある動作をさせるので"叫"を使うといいでしょう。"让"も使うことができますが、心理的な動きを起こすことを表す"使"はこの文には使えません。使役の文の動詞も、"被"を用いた受身の文と同様に、動詞ひとつだけでは使わず、より具体的な描写を表す形にします。この文ですと"跑一跑 pǎo yi pǎo"と動詞を重ねてもいいでしょう。必ずしも「ちょっと～する」という意味でなくても、語調がやわらかくなります。

　「試合前に」は時を表すことばですから、動詞句の前に置きますが、文頭に出すこともでき、この文もそうしたほうがすっきりした文になります。

比赛前，教练叫运动员跑一跑。
Bǐsài qián, jiàoliàn jiào yùndòngyuán pǎo yi pǎo.　　**課題③**

　また元の文にはありませんが、内容から考えて、"做准备活动 zuò zhǔnbèi huódòng"などをつけ加えると、コーチの行動の意味が明らかになり、具体的な描写を好む中国語らしい、安定した文になるでしょう。

④ **公園で子どもがもっと遊びたがったので、しばらく遊ばせておいた。**

　日本語と同じように"在公园（公園で）"は文頭に置きます。日本語では1人称なら「私は遊びたいと思う」、第三者なら「彼は遊びたがる」となりますが、中国語の"想（〜したい）"は人称に関係なく使うことができます。"孩子想玩儿（子どもが遊びたがる）"、これに、今までやってきた動作をさらに続けていく意味を表す副詞の"再"、「多めに」を表す"多"を加えます。動詞"玩儿"の後には、「もうちょっと」の「ちょっと」の意味を添える時量詞"一会儿"をつけましょう。"孩子想再多玩儿一会儿"、ここまでが理由ですが、理由とその結果を強調するような文ではありませんから、"因为"などは使わないほうがかえって自然です。

　「しばらく遊ばせておいた」は使役の文です。主語はおそらく"我"ですから"我让他（／她）〜"という文になります。ここは「子どもにもうしばらく遊ぶこと」を許可しているので"让"が最適です。

在公园，孩子想再多玩儿一会儿，我就让他又玩儿了一会儿。
Zài gōngyuán, háizi xiǎng zài duō wánr yíhuìr, wǒ jiù ràng tā yòu wánrle yíhuìr.
課題④

　"就"を使うことで、「〜なので→それでこうした」と事がスムーズに進む雰囲気を出すことができます。

§10 「隣の部屋で一晩中騒がれて眠れなかった。」
"被害の受身と恩恵表現"

　§9では、受身の基本的な使い方について見ましたが、日本語には、外国語に訳しにくい、もうひとつの受身があります。

(1)　隣の部屋で一晩中騒がれて眠れなかった。
(2)　カラオケで歌おうと思っていた歌を先に歌われてしまった。

　このような受身文は、通常、被害の意味をもつことから、被害の受身などと呼ばれています。被害とはいっても、「車にはねられた」のように直接の被害を被っているわけではなく、「隣の部屋で（隣人が）一晩中騒ぐ」というできごとから、はたで間接的な影響を受けて迷惑だと感じているときに使われる受身です。

　持ち物を目的語に取ることもあります。

(3)　風で帽子を飛ばされた。
(4)　車を傷つけられて腹が立った。

　できごとから受ける影響は、被害だけではありません。そのできごとが有益だ、ありがたいと感じる場合もあります。このような場合、恩恵表現の「～てもらう」や「～てくれる」を使います。

(5)　兄に数学の問題を教えてもらった。
(6)　友だちが手伝ってくれて、発表の準備が早く済んだ。

　「～てもらう」は、「頼んだ」という意味を含みやすい表現です。一方、「～てくれる」は、頼んでいない場合にも使えます。「あきらめてたのに、戻ってきてくれたんだ。」のように、予期していなかった場合には「～てくれる」が使われます。

　日本語では、人がおこなった行為でなくとも、生じたできごとが

ありがたいと思えば「〜てくれる」を使って表します。これは、とても日本語らしい表現のひとつと言えるでしょう。

(7) **久しぶりに雨が降ってくれて、植物が生き返ったようだ。**

話し手が他の人に対して恩恵を与える場合には、「〜てやる」や「〜てあげる」を使います。

(8) **発表の準備を手伝ってあげようか。**

ただし、「〜てやる」「〜てあげる」を用いると、恩着せがましくなることもあります。

日本語は、あるできごとから受けた、迷惑だとかありがたいとかの感情を、ことばとして表したがる言語なのです。

Q 作文してみよう

① 隣の部屋で一晩中騒がれて眠れなかった。
② 車を傷つけられて腹が立った。
③ 兄に数学の問題を教えてもらった。
④ 久しぶりに雨が降ってくれて、植物が生き返ったようだ。

A §9で述べたように、中国語の受身文はもともと被害や、いやな目にあった、と感じられたことを表すのに使われました。

那棵树被昨天的大风刮倒了。
Nà kē shù bèi zuótiān de dàfēng guādǎo le.
　あの木はきのうの大風で倒されました。

我们被王老师说了一顿。Wǒmen bèi Wáng lǎoshī shuōle yí dùn.
　私たちは王先生にしかられました。

次の2つの文も「私の辞書は弟がもっていってしまった」という事実は同じですが、"被"を使った下の文のほうが「自分の意に反して、そうされてしまった」という被害の感じがはっきり表れています。

我的词典，弟弟拿走了。Wǒ de cídiǎn, dìdi názǒu le.
我的词典被弟弟拿走了。Wǒ de cídiǎn bèi dìdi názǒu le.

ある動作を人にしてあげたり、人にしてもらったりする表現は、会話の中でもさかんに使われ、その場合よく"让"や"请"を使って兼語文にします。

我得让医生看病。Wǒ děi ràng yīshēng kànbìng.
　私はお医者さんに診てもらわなくてはならない。

请他来我们学校讲演。Qǐng tā lái wǒmen xuéxiào jiǎngyǎn.
　彼に私たちの学校に講演に来てもらう。

"请"を使うと「お願いしてやってもらう」という語気が出ます。
　「～てくれる」「～てあげる」はともに、誰かのためにある動作や行動をすることを表します。日本語では「私に」なら「～てくれる」、「あなたに」「彼（女）に」なら「～てあげる」となりますが、中国語ではいずれの場合にも"给"を使います。

他给他弟弟买了一辆自行车。Tā gěi tā dìdi mǎile yí liàng zìxíngchē.
　彼は弟に自転車を買ってあげた。

她把那本书寄给我了。Tā bǎ nà běn shū jìgěi wǒ le.
　彼女はその本を私に送ってくれた。

誰かのために何かをする、このような表現にはよく二重目的語の文が使われます。

他告诉我一件好消息。 Tā gàosu wǒ yí jiàn hǎo xiāoxi.
　彼は私にいいニュースを知らせてくれた。

李老师教我们汉语语法。 Lǐ lǎoshī jiāo wǒmen Hànyǔ yǔfǎ.
　李先生は私たちに中国語文法を教えてくださいます。

また「～てやる」と言うと「訴えてやる」「やっつけてやる」のような、強い決意をあらわにしたり、相手にすごんでみせるような気持ちを表すことがあります。これには"给你看"を使い"我要考上大学给你看。（大学に合格してやる）"のような文を作ります。「ある行為をして、それをお前に見せてやる」という言い方と似ています。

① **隣の部屋で一晩中騒がれて眠れなかった。**
　この文は「騒がれて眠れなかった」と被害を被ったことを言っていますから、"被"を使った受身の文が使えます。「隣の部屋」は"隔壁 gébì"、「騒ぐ」が"吵 chǎo"なので"我被隔壁吵～"となります。様態補語を使って「どんなふうに騒がれたのか、騒がれてどうなったのか」を表せばいいでしょう。日本語では「一晩中」が「騒がれて」の前にありますが、意味は「騒がれてずっと眠れなかった」ということですから、「ずっと」を表す"都"を使い"整夜都没睡着"とします。

我被隔壁吵得整夜都没睡着。
Wǒ bèi gébì chǎode zhěngyè dōu méi shuìzháo.　　課題①

また"被"を使わず、2つの文に分けて訳すこともできるでしょう。

隔壁（房间）太吵了，我整夜都没睡着。
Gébì (fángjiān) tài chǎo le, wǒ zhěngyè dōu méi shuìzháo.　　課題①

"太～了"によって、騒がしさの程度が限度を超えていることが表せ

ます。ですからひどい目にあったのだということがわかるのです。

② **車を傷つけられて腹が立った。**

「腹が立った」の主語は「私」と考えられますから、この「車」も「私の車」ということになります。②はひとつの文になっていますが、「〜傷つけられて」で区切ることができるでしょう。ここまでは被害を被った、という内容ですから"被"を使った受身文にします。「傷つけられた」は"刮伤了 guāshāng le"がいいでしょう。"刮"は"刮风（風が吹く）"や"刮脸（顔をそる）"などにも使われますが、「擦る、かする」という意味の動詞です。これに"伤（傷）"をつけて「かすって傷になる」という意味になります。文の前半は"我的汽车被刮伤了"です。②の日本語の文は「て」で後の結果につなげていますが、中国語では、2つの文を並べれば意味は通ります。

「腹が立った」は"我生气了"とも考えられますが、これでは単に「私は腹を立てた」と述べているだけです。くやしくて本当に腹立たしかったことを表すなら、"气死我了"がいいでしょう。"气"は「怒らす」という意味の動詞として使います。その後に非常に高い程度を表す結果補語"死"をつけます。"死"のついた動詞を使った文末には語気助詞の"了"がよくつけられます。

我的汽车被刮伤了，气死我了。
Wǒ de qìchē bèi guāshāng le, qìsǐ wǒ le.　　課題②

③ **兄に数学の問題を教えてもらった。**

人にある動作や行為をしてもらう、しかもそれは自分のため、という場合は動詞の"让"を使います。"让"のほかに"请"も使えますが、前に述べたように"请"を使うと「わざわざお願いしてやっていただく」という感じがします。兄弟の間のことですから"让"のほうがいいでしょう。

让哥哥教我数学问题。 Ràng gēge jiāo wǒ shùxué wèntí.　　課題③

もう少し具体的に述べて、次のような訳し方もできます。

　我让哥哥教我怎么解答数学问题。
　Wǒ ràng gēge jiāo wǒ zěnme jiědá shùxué wèntí.
　　私は兄に数学の問題をどうやって解くのか教えてもらった。

④ **久しぶりに雨が降ってくれて、植物が生き返ったようだ。**

　誰かがある動作や行為を自分にしてくれて、自分もそれをありがたいと感じている、という内容を表す「〜てくれる」の文は、中国語にするなら"给（〜のために）"を使った文になります。しかし、同じありがたいと感じることでも、「雨が降ってくれた」のような自然現象やできごとを表すのには使いません。

　④の文の「雨」は「長いこと待っていた、ありがたい雨」です。中国語には"久旱逢甘雨 jiǔ hàn féng gānyǔ（長い日照りの後に恵みの雨が降った）"という言い方があり、これだけで④の前半の意味は、ほぼ表せます。もしこのような決まったフレーズを使わないならば"隔了好久（長い間隔があり）才下了雨。"と訳せばいいでしょう。"才"によって「実現が遅かった、やっとのことでこうなった」という意味を表せます。後半の「植物が生き返ったようだ。」は、「〜のようだ」の"好像"を使いましょう。

久旱逢甘雨（/隔了好久才下了雨），植物好像又复苏了。
Jiǔ hàn féng gānyǔ (/ Géle hǎojiǔ cái xiàle yǔ), zhíwù hǎoxiàng yòu fùsū le.　　課題④

「生き返る」には"复苏"のほかに"缓 huǎn"も使えます。"缓"の後に方向補語"过来"をつけると、だんだんと正常な状態にもどってくることを表すことができます。

§11 「窓が開いた。」と「窓を開けた。」

"自動詞と他動詞"

　自動詞とは、「雨が降る」や「窓が開く」のように、「～が」以外の名詞句を取らなくても基本的な意味がわかる動詞で、他動詞は、「パンを食べる」や「窓を開ける」のように、「～を」のような名詞句を必要とする動詞です。

　特に、日本語では、「開く」と「開ける」のように、同じような変化を表しながら、そのできごとの生じ方に違いのあるペアが存在します。

(1)　あ、風で窓が開いた。
(2)　田中くんが窓を開けた。

　自動詞は、(1)のように、「自然に～した」という場合に使われます。「風で看板が倒れた」のような自然現象によく使われます。「風が窓を開けた」や「風が看板を倒した」とは、ふつう言いませんね。他動詞は、動作をおこなう人が必要です。(2)では、「田中くん」が「窓」に対して動作をおこなっています。「酔っ払いが看板を倒した」のように主語が人なら、他動詞を使うことができます。

　これをうまく使って、次のような表現をすることもできます。

(3)　(子どもが花瓶を倒して)「倒したんじゃないよ、倒れたんだよ。」

　(3)は、子どもが、自分の動作は関係ない、自然現象であったと主張する、簡明な表現です。

　しかし、日本語にこのような自動詞と他動詞のペアが多く存在するのは、原因が違うことを表すためだけではありません。他動詞は動作の過程を重視し、自動詞は変化の結果を重視するという点で使い分けているのです。この性質が特に強く出るのは、「～ている」

を付けた場合です。

(4) **今、建っているビルの横に、もう一棟、同じビルを建てている。**

(4)では、自動詞「建つ」＋「〜ている」の「建っている」が「建った」結果の状態を、他動詞「建てる」＋「〜ている」の「建てている」が進行を表します（§7で見たように、他動詞を使って、意図的に結果を残したことを表す場合には、「建ててある」を使います）。

自動詞のこのような性質を利用すると、動作をする人をことさらに言い立てず、結果だけを述べることができます。

(5) **ドアが閉まります。ご注意ください。**
(6) **お茶がはいりましたよ。休憩しましょうか。**

(6)は、もちろん誰かがお茶をいれていますね。勝手に「お茶がはいる」なんてことはありませんが、日本語では謙遜を表現するために自動詞表現を用いているのです。

このほかに、「足の骨を折った」「働きすぎて体を壊した」のように、自分の体（の一部）を目的語とした他動詞表現は、全体で、自動詞相当の意味になります。

日本語には、豊かな自動詞・他動詞表現が存在します。日本語は、それをうまく使い分けて、微妙なニュアンスを表現する言語なのです。

Q 作文してみよう

① 倒したんじゃないよ、倒れたんだよ。
② 今、建っているビルの横に、もう一棟、同じビルを建てている。
③ お茶がはいりましたよ。休憩しましょうか。
④ 足の骨を折った。

A 中国語の動詞も、動作を表すか状態を表すか、どんな目的語をとるか、などで分類することができます。また日本語や英語と同様に、自動詞と他動詞という分け方があります。"睡觉""休息""去"は自動詞、"看书（本を読む）"の"看"、"吃饭（ごはんを食べる）"の"吃"、"写字（字を書く）"の"写"は他動詞です。しかし、いかにも自動詞と思われる"笑"も"別笑我了。（私のことを笑わないで）"となれば他動詞なので、分類はそう簡単ではありません。

日本語の自動詞と他動詞は語幹が同形ですが、「倒れる／倒す」「閉まる／閉める」と、活用形が異なります。しかし中国語では"倒（倒れる／倒す）""关（閉まる／閉める）"のように自動詞と他動詞が同形です。ですから、読むときには目的語や補語のあるなし、前後の文などから、それが自動詞なのか他動詞なのかを判断します。

窗户关着。Chuānghu guānzhe.
　　窓は閉まっている。

请把窗户关上。Qǐng bǎ chuānghu guānshang.
　　窓を閉めてください。

① **倒したんじゃないよ、倒れたんだよ。**

これは「AではなくてBだ」の文ですから"不是A，是B"の文型が使えます。さらに「〜のではないよ、〜のだよ」のことですから[是〜的]を使うといい、ということも想像できるでしょう。そうすると文の組みたては"不是〜的，是〜的。"です。"是"と"的"にはさまれた部分には、「倒した」と「倒れた」が入ります。「倒した」の主語はありませんが、一応もっとも可能性の高い"我"としておきましょう。「倒す」は"倒"ですが、ふつう「どうやって倒したのか」を表す動詞を使い、"倒"は結果補語として「倒れた」ことを表します。

| 推倒 tuīdǎo | 押して倒す | 刮倒 guādǎo | （風が）吹いて倒す |
| 撞倒 zhuàngdǎo | ぶつかって倒す | 打倒 dǎdǎo | 打ち倒す |

①の文からはさまざまな状況が考えられますが、"推倒（押し倒す）"などが適切かもしれません。また「する、やる」の"弄 nòng"を使い"弄倒"としても広い意味でのいわゆる「倒す」という意味が表せます。前半は"不是我推倒（／弄倒）的。"となります。［是～的］を否定文にするには、［不是～的］の文型を使う、ということも覚えておきましょう。

後半の「倒れた」ですが、"倒"は「倒れる」という自動詞としても使えます。ここでは「自分が何かしたから倒れたのではなく、自然に倒れたのだ」と言いたいのですから"自己"を使うといいでしょう。"自己（自分で、ひとりでに）"は人間以外の物についても使うことができます。

不是我推倒的，是自己倒的。
Bú shì wǒ tuīdǎo de, shì zìjǐ dǎo de.　課題①

② **今、建っているビルの横に、もう一棟、同じビルを建てている。**
この文では結果の持続を表す「建っている」と、進行を表す「建てている」の違いがポイントになっています。中国語では、動詞の後ろに助詞の"着"をつけて、状態の継続や動作の結果が残っていることを表せます。「建っている」は"立着 lìzhe"としたり、現在、存在しているという意味で"现存的 xiàncún de"とも考えられますが、それではかえって不自然です。"那座大楼"というだけで、十分「建っているビル」の意味は出せます。もし会話の中でならば、"那里有一座大楼，在那座大楼旁边…（あそこにビルがあるけれど、あのビルの横に…）"と話を進めることもできます。

後半は、建設が進められているところなので、"正在"を使った文にすればいいでしょう。

在那座大楼的旁边，正在兴建同样的一座大楼。
Zài nà zuò dàlóu de pángbiān, zhèngzài xīngjiàn tóngyàng de yí zuò dàlóu.　課題②

「またしても同じビルを建てている」というニュアンスを出したいのなら"又"を使い"又盖起 gàiqi 同样的一座大楼。"とするこ

ともできます。

　中国語も日本語と同じように、誰がその動作、行為をおこなったのかとりたてて言う必要がないときには、②の文のように主語なしで動詞句から文を始めてもかまいません。

③ お茶がはいりましたよ。休憩しましょうか。

　「お茶がはいる」という日本語は、改めて考えてみると不思議な言い方です。「お茶」が主語で、その動詞「はいる」は自動詞です。しかしこの文を中国語にすると、「お茶」＝"茶"は主題と考えられるので、文の頭にもってくることができます。そのあとに、主題について述べる内容が続きます。ですから文の形としては「何が、どうした」で日本語と同じになります。③の前半は"茶泡好了。"あるいは"茶沏好了。"です。"泡 pào"も"沏 qī"も茶葉にお湯を注ぎその味を出すというお茶のいれ方です。"泡／沏"には、その動作が理想的な状態になったことを表す結果補語の"好"をつけ、さらにそういう状況になったことを表す語気助詞の"了"をつけます。

　後半の「〜しましょうか」は形は疑問文ですが、実際には相手の意向を尋ねつつ、誘ったり同意を求めたりする語気がありますから、文末には語気助詞の"吧"をつければいいでしょう。

茶泡（／沏）好了，休息一下吧。
Chá pào (/ qī) hǎo le, xiūxi yíxià ba.　　**課題③**

動詞の後につける"一下"は「ちょっと（〜する）」という意味を添えますが、実際に動作をする時間が短くなくても、全体の語気をやわらかくする働きがあります。

④ 足の骨を折った。

　自分の動作として「折る」わけではありませんが、日本語では「骨を折る」と、他動詞を使った言い方をします。漢語的に言えば、自動詞の「骨折する」になります。中国語の"骨折 gǔzhé"は動詞として使いますから"我骨折了。（私は骨折した／骨を折った）"です。

ただ④は「足の骨」を折った、という内容です。"腿的骨头骨折了。Tuǐ de gǔtou gǔzhé le." ではごたごたした文になってしまい、中国語としては不自然です。また"腿的骨头折断 zhéduàn 了。"と言うと、「足の骨がどうなったか」を言う文になります。そこでまず部位を言ってしまうといいでしょう。

我的腿骨折了。 Wǒ de tuǐ gǔzhé le.　　**課題④**

また"把"を使い、"我把腿骨折了。(足を、骨折してしまった)"と訳すこともできますが、そうすると「足をどうした」という文になり、④の日本語とは少し感じが異なるかもしれません。

§12 「彼は泳げない。」
"可能"

　日本語には、さまざまな可能の表現があります。可能の代表的な形は、「泳げる」や「食べられる」(「泳げる」と「泳ぐことができる」、「食べられる」と「食べることができる」は、基本的に同じです)ですが、実際その意味は多様です。

(1)　彼は、1メートルも<u>泳げない</u>。
(2)　彼は、インフルエンザで、今日は<u>泳げない</u>。
(3)　このクラブの会員でないから、彼は<u>泳げない</u>。

　(1)は「泳ぎを知らない」とも言えます。泳ぎの能力の有無を表す表現です。(2)は、彼自身に原因がありますが、能力とは異なります。(3)は、クラブ会員であるかどうかという「彼」の能力以外の理由によって泳ぐことを禁止されているという意味に近い表現です。「泳いではいけない」ということもできるでしょう。
　可能・不可能の意味に近い表現に次のものがあります。

(4)　この水着は泳ぎ<u>やすい</u>ね。
(5)　こんなに大勢の人に見られていては、泳ぎ<u>にくい</u>。

　(4)は、「すいすい泳げる」ということもできるでしょう。逆に、(5)は不可能とまではいかないけれど、困難さを感じるという意味です(最近では、「泳ぎづらい」のように「〜づらい」を使うことも多くなりました)。このような難易を表す表現も、可能に似た意味をもっています。
　日本語では、自動詞に可能の意味が含まれることがあります。

(6)　棚の上の荷物に手が<u>届かない</u>。

「手が届かない」や「大学に受かった」のような自動詞を用いた表現は、(不)可能や実現した結果を表します。外国人の日本語学習者はもちろん、日本語を母語とする幼児でも「手が届けない」と可能の形を使っていることがありますが、もちろん、これは正式な日本語ではありません。

外国人の日本語学習者にとって苦手な表現には次のようなものもあります。

(7) 一生懸命練習して泳げるようになった。

日本語の可能は、状態を表します。(7)のように「練習」を通じて不可能な状態から可能な状態に変化することを表すときには「〜できるようになる」を使います。また、一時的な状態については、「今日はよく泳げている」ということもできます。

ほかにも、「何とも言いかねます。」「もう手の施しようがない。」「あり得ない。」のような、不可能や可能性のなさを表す表現もあります。

Q 作文してみよう

① 彼は、1メートルも泳げない。
② この水着は泳ぎやすいね。
③ 棚の上の荷物に手が届かない。
④ 一生懸命練習して泳げるようになった。

A 中国語の可能表現でよく使われるのは、能願動詞と可能補語です。能願動詞は動詞の前に置かれ、可能や願望などを表し、英語の助動詞に似ています。可能を表す能願動詞も、"能，会，可以…"とひとつではなく、微妙な意味の違いがあります。ですから文の意味を考えて適切なものを選ぶことが大切です。

また可能補語を使うとただ「できない」と言うのではなく「〜しようとするのだけれど、結果としてできない」という内容を表すことができます。

① **彼は、1メートルも泳げない。**

まず「彼は泳げない」という文を考えてみましょう。可能を表す能願動詞の主なものは"能""会""可以"の3つです。車の運転、スポーツ、楽器、外国語など「練習してある技術、技能を身につけ、その結果できる」ことを表すには"会"を使います。「彼は泳げない」は"他不会游。"です。しかし①には「1メートルも」とあり、そのために使う能願動詞は"会"ではなく"能"になります。能願動詞の"能"はいわゆる「〜できる」という意味で幅広く使われますが、「何かをどれくらいのレベルまでできるのか」を言いたいときには、"能"を使わなくてはなりません。

　我会说英语。Wǒ huì shuō Yīngyǔ.
　　　私は英語を話すことができます。
　我能看懂英文报。Wǒ néng kàndǒng Yīngwénbào.
　　　私は英字新聞を読んで理解することができます。

上の文のように単に英語が話せるなら"会"ですが、下の文はある程度のレベルに達している、ということなので"能"を使っているのです。

「1メートル」は動作の量を表す補語ですから本来動詞の後に置かれます。しかしここでは"连"が省略されていますが"连一米也（1メートルさえも）"という強調なので動詞の前に置かれます。

　我一米也不能游。Wǒ yì mǐ yě bù néng yóu.　課題①

"能""会"と並んでよく使われる可能の能願動詞"可以"は、「そうすることが許される」という意味の「できる」を表します。同じ「泳げる」でも"你可以游（泳）。"と言えば、病気が治ったなどの理由で「泳ぐことが許される、泳いでいい」ということです。また"可以"は場所を表す語を主語として、"这里可以抽烟 chōuyān。（ここでたばこを吸ってもいい）"のような許可を表す文にもよく使われます。

② この水着は泳ぎやすいね。

　ある動作をやりやすい、と言いたいとき、中国語では［"好"＋動詞］型の形容詞を使います。

　　这双鞋很好走。Zhè shuāng xié hěn hǎozǒu.
　　　この靴は歩きやすい。
　　这种手机很好用。Zhè zhǒng shǒujī hěn hǎoyòng.
　　　この携帯電話は使いやすい。

　どの動詞もこの形の形容詞を作れるわけではありませんが、"好懂（わかりやすい）""好做（やりやすい）"などは日常会話でもよく使われます。［"好"＋動詞］の形容詞には「ある動作をしていい感じがする」という意味を表すものもあります。"好吃"は「（食べて）おいしい」、"好喝"は「（飲んで）おいしい」、"好看"は「（見て）感じがいい→きれいだ」、"好听"は「（聞いて）感じがいい→音がきれいだ」となります。

　「～しやすい」の逆「～しにくい」は［"难"＋動詞］になります。"难走"で「歩きにくい」、"难写"で「書きにくい」、"难懂"で「理解しにくい」です。しかし［"好"＋動詞 a］の逆がいつも［"难"＋動詞 a］とは限りません。"难"をつけた形容詞は「困難だ」というイメージが強く出ます。単に「よくない」と言いたいときには［"不好"＋動詞］を使うほうが自然な感じがします。②の文も「泳ぎにくい」なら"不好游"がいいでしょう。

　さらに中国語なら「着てみると」を入れたほうがわかりやすく、自然な文になるでしょう。"穿（着る）"に「身につける」意味を表

す結果補語"上"をつけると安定した表現になります。②の文末には「ね」がつき、やわらかい語気になっていますから、中国語も同じ働きをする語気助詞"啊"をつけておきましょう。

这件游泳衣（穿上）很好游啊。
Zhè jiàn yóuyǒngyī (chuānshang) hěn hǎoyóu a. 課題②

③ 棚の上の荷物に手が届かない。
　「ある高さがあるものに届く」という意味の動詞は"够 gòu"です。しかし中国語の動詞はふつう、その動作が本当に目的に達したのか、そこまで述べる力をもっていません。"我买了半天，可是…"と言うと「半日、あるいは長時間、物を買いつづけた」わけではなく、「買おうとした、しかし…」ということです。②の文で"穿"だけではなく"穿上"としたほうが安定した表現になるのもこのためです。

　ここでも確実に届いたことを表したいなら、結果補語"着 zháo"を使い"够着 gòuzháo"とするといいでしょう。結果補語や方向補語のついた動詞を否定する場合、"不能够着"のように能願動詞の否定形を使ってもいいのですが、動詞と補語の間に"不"を入れる可能補語の否定形がよく用いられます。③の文では"够不着 gòubuzháo"となります。可能補語の否定形を使うと、ただ始めから「できない」と決めてかかっているのではなく、「～しようとするのだけれど、結果としてはそうすることができない」という、否定に至るまでのプロセスを感じさせる否定文になります。

我够不着架子上的东西。
Wǒ gòubuzháo jiàzishang de dōngxi. 課題③

日本語では「届かない」ですが、"不够"とすると「足りない」ということになってしまいます。

④ 一生懸命練習して泳げるようになった。
　「泳げる」は、練習してひとつの技能を身につけた結果できるよ

うになったことですから、能願動詞"会"を使い"会游（泳）"と訳します。"会"は「できるようになる」という結果を表す結果補語にもなるので"学会游泳（学んでその結果泳ぐことができる→泳げる）"とすることもできます。

「泳げる」は状態ですが、「泳げるようになった」は「〜ようになった」によって変化が起こったことを表しています。中国語では、文末に語気助詞"了"をつけるだけで、この状況の変化や新しい状況の出現を表すことができます。

我不能参加这次旅行。Wǒ bù néng cānjiā zhècì lǚxíng.
私は今回の旅行に参加できません。

我不能参加这次旅行了。Wǒ bù néng cānjiā zhècì lǚxíng le.
私は今回の旅行に参加できなくなってしまいました。

上の文は単に事実を言っているのに対し、下の文は"了"によって状況の変化を表す文になっているのです。ですから④の後半も文末に"了"をつけて、"会游（泳）了／学会游泳了"とします。

我拼命练习，终于会游（泳）了／学会游泳了。
Wǒ pīnmìng liànxí, zhōngyú huì yóu (yǒng) le / xuéhuì yóuyǒng le.　　課題④

しかしこの文も「何メートル泳げるようになった」と具体的にレベルを表すことばがあれば、使う能願動詞は"会"ではなく"能"になります。

コラム3

名詞の性質

日本語では、名詞の性質が、ほかの言語と異なることがあります。日本語としては少し変な例文を挙げてみます。

(1) ?すぐ戻ってきます。**門**で待っていてください。
(2) ?小林くん、後で**私**に来なさい。

日本語では、「門」や「私」ということばが場所を表しません。「門」は物であり「私」は人でしかないのです。そのため、場所を表したければ「門のところ」「私のところ」のように言わなければなりません。

「のところ」と似ているのが「のこと」です。

(3) ぼくは、林さん**のこと**が好きなんです。
(4) 学校**のこと**で何か困ってない？

(3)は、「のこと」を使わず「林さんが好きなんです」と言っても同じ意味ですが、(4)は、「学校で何か困ってない？」と意味が違います。ふつう「学校で」と言えば場所を表しますので、それを避けたい場合に「のこと」を使っているのです。

このようなことは中国語にもありますか。教えてください。

中国語で「門のところで待っていてください。」と言おうとすると、"在门口等我。"となるでしょう。"门口"は「門、入り口」という名詞ですが、"门口有很多人。"という言い方ができることを考えると、ただの名詞のほかに場所を表す語でもあることがわかります。

"桌子"は場所を表すことばではないので、場所として使うときには、後ろに"上（边）""里（边）"などをつけなくてはなりません。

我的词典在桌子上。Wǒ de cídiǎn zài zhuōzishang.
　私の辞書は机の上にある。

"屋子（部屋）""路（道）"なども、場所を表すことばのように見えますが、実はそうではなく、場所を表したいならやはり"上（边）""里（边）"などをつけて使います。

屋子里有很多人。Wūzili yǒu hěn duō rén.
　部屋の中にたくさんの人がいる。
他在路上碰见了小王。Tā zài lùshang pèngjiànle Xiǎo Wáng.
　彼は道で王くんにばったり会った。

「私のところ」のように「誰々のいるところ、誰々の属しているところ」と言いたいときには、人を表す語の後に、近いと感じるところなら"这儿"、遠いと感じるところなら"那儿"をつけます。レストランの人に「あなたのところに北京ダックがありますか？」と聞くときも、電話で尋ねるなら、その店は遠くにあるわけですから"你们那儿有北京烤鸭吗？"ですが、店で聞くときには"你们这儿有北京烤鸭吗？"となります。

中国語では「林さんのことが好き」でも「林さんが好き」でも、"我喜欢小林。／我爱小林。"と同じになります。日本語では「〜のこと」を使ったほうがやわらかい感じがしますが、中国語はその違いを表すことはないようです。「好きなら好き」ということなのでしょう。

§13 「あの人は嬉しそうだ。」
"話し手の判断の表し方"

　中学校で助動詞を習ったとき、「だ」は断定、「だろう」は推量、「ようだ」や「らしい」は推定などと習ったおぼえがあるでしょう。これらは、どれも話し手の判断のしかたを表す形式です。

(1) おそらく彼が犯人<u>だろう</u>。
(2) どうやら彼が犯人の<u>ようだ</u>。

　「彼が犯人だ。」と断定できない場合でも、長年のカンから(1)のように推量したり、犯行時間の現場付近で得られた目撃証言から(2)のように推定したりすることがありますね。日本語では、このような、話し手がどのようにその判断に至ったかによって使い分ける表現がいくつかあります。
　人から聞いた情報を、そのまま伝えるのは伝聞です。

(3) やっぱり、彼が犯人<u>だそうだ</u>よ。

　伝聞は、「犯人らしい」と言ったり、話しことばで「犯人なんだって」と言ったりすることもあります。
　「そうだ」には、伝聞のほかに、接続の形は違いますが、見た様子を描く使い方もあります。

(4) （ケーキを見て）わあ、おいし<u>そう</u>。
(5) なんだか暗くなってきたぞ。雨が降り<u>そうだ</u>な。

　日本語には、「嬉しい」や「楽しい」のような感情と、「熱い」「おいしい」などの感覚は、体験した本人しかそのままの形で表現できないというルールがあります。(4)のような場合、口にするまでは「おいしそうだ」と言うはずです。

可能性があることを示唆する「かもしれない」や、確信を表す「はずだ」などもよく使われます。

(6) 彼が犯人<u>かもしれない</u>。(でも、確証がない)
(7) レストランガイドで絶賛されている。この店はおいしい<u>はずだ</u>。

(6)は「犯人ではないかもしれない」という可能性を否定できない、弱い判断です。日本語では、よく、この「かもしれない」を使って、判断をあいまいにします。レストランガイドの評判という根拠から考えて、より確信をもって断言する場合には、(7)のように「はずだ」を使います。

話し手の判断を表す形式は、まだまだほかにもいろいろあります。断定に近い「～に違いない」や「～にほかならない」なども、書きことばを中心によく使われますし、確信がない場合には、「風邪<u>っぽい</u>なあ。」や「やっぱりやめとこう<u>かな</u>。」のように言うこともあります。日本語では、このような判断を表す形式を文の最後に付けるため、相手の顔色を伺いながら、判断のしかたを変えて示しやすいのです。

Q 作文してみよう

① 「彼が犯人だ。」「いや、彼は犯人ではないだろう。」
② やっぱり、彼が犯人だそうだよ。
③ (ケーキを見て) わあ、おいしそう。
④ レストランガイドで絶賛されている。この店はおいしいはずだ。

A 「あの人は嬉しそうだ／嬉しいかもしれない／嬉しいにちがいない…」と日本語では文の最後で表されている話し手の見方、感じ方、判断を、中国語では副詞や能願動詞を使って表します。

今天也许会下雨。Jīntiān yěxǔ huì xià yǔ.
今日は雨が降るかもしれない。

このように副詞と能願動詞を一緒に使うこともできます。これらの語はふつう動詞の前に置かれますが、"听说 tīngshuō（聞くところによると）""说不定 shuōbudìng（～かもしれない）"のように文頭に置くこともあります。

それぞれの副詞には微妙なニュアンスの違いがありますから、その文に合ったものを使うようにしなくてはならないでしょう。

ある傾向が強かったり程度が高い、どうもそのように思われるというとき、日本語では「～っぽい」を使いますが、中国語には「～っぽい」のように便利な言い方はないようです。「忘れっぽい」なら"健忘（忘れやすい）"、「水っぽい」なら"水分很多（水分が多い）"、「子どもっぽい」なら"孩子气（／孩子性）很大。(子どもらしさが強い)"のように、それぞれ具体的な表現をします。

① 「**彼が犯人だ。**」「**いや、彼は犯人ではないだろう。**」
前半は自信をもって断定している口調です。「A は B だ」ですから"他是犯人 fànrén."となりますが、"就"を入れたほうがいいでしょう。"就"は"一～就…（～するや…する）"のように時間的なたるみを排除して、事がさっさと進んでいくことを表すばかりでなく、§4②で出てきたように、意味のたるみも排除します。ほかの可能性をとり除くので「彼以外ということはありえない、彼こそが」という気持ちを表すのです。口語なら"他就是犯人，对不对？"と言って、「そうじゃないか」と相手に自分の意見を強く打ち出すこともあるでしょう。副詞"一定"を使い、"他一定是犯人。"と訳すこともできます。主語と述語が逆になりますが、"犯人就是他。"というのも、インパクトのある言い方です。

後半は「いや」で始まり、相手の言ったことを否定しています。中国語ではふつう、そのとき使われている動詞や形容詞の否定形を一言言えば、それが「いいえ」の働きをしますが、"不"と言うと、かなりはっきりした「いや」「いいえ」という否定になります。

「〜だろう」は推量の文です。推量を表すには"恐怕""可能""也许"などの副詞が使われます。"也许"は「ひょっとすると〜かもしれない」、"可能"は「〜の可能性がある、〜かもしれない」、"恐怕"は「おそらく〜だろう」と微妙な違いがあります。ここでは"恐怕"がいいでしょう。"恐怕"はもともとは「〜を恐れる、〜ではないかと懸念する」という意味ですが、「おそらく〜だろう」という文によく使われます。文末には、「そうじゃないだろうか」と相手の考えをうかがいつつ推量する語気助詞"吧"をつけます。

"他就是犯人。Tā jiù shì fànrén."
"不，他恐怕不是犯人吧。Bù, tā kǒngpà bú shì fànrén ba." 課題①

② やっぱり、彼が犯人だそうだよ。

中国語では「〜だそうだよ」と「〜だそうですよ」の違いは出ませんが、いぜれにせよ伝聞を表しています。伝聞の文には"听说"を使います。"听说"は"听人说"の"人"が省略されたものです。ふつう文頭に置かれ、文全体にかかり、それが人から聞いたことだ、ということを表します。

听说他是个很能干的人。Tīngshuō tā shì ge hěn nénggàn de rén.
　聞くところによると、彼はたいそうやり手らしい。
听说那家公司倒闭了。Tīngshuō nà jiā gōngsī dǎobì le.
　聞くところによると、あの会社はつぶれたらしい。

この文には「やっぱり」があります。さまざまな選択肢や可能性があるけれど、最終的にはこの結論になる、という意味です。この意味を表すには"还是"を使います。"还是你做吧。"と言うと、「誰がやるか」についてさまざま考えられるけれど、結論としては「やっぱりあなたがやりなさいよ。」ということになります。「彼は

やっぱり犯人だ。」は"他还是是犯人。"になりますが、中国語では同音同字が続くのを嫌いますから"是"はひとつ取ってしまいます。

听说他还是犯人。 Tīngshuō tā háishi fànrén. 　課題②

③（ケーキを見て）わあ、おいしそう。

こう言った人はまだケーキを食べてはいませんが、推量して言っています。「〜のようだ、〜そうだ」と言いたいとき、中国語では"好像（〜のようだ）""看上去／看样子（見たところ）"などを使います。

这个玩具的动作，看上去好像是真的动物。
Zhège wánjù de dòngzuò, kànshàngqu hǎoxiàng shì zhēn de dòngwù.
　このおもちゃの動きは、見たところ本物の動物のようだ。

看样子，她好像很幸福。Kàn yàngzi, tā hǎoxiàng hěn xìngfú.
　見たところ、彼女は幸せそうだ。

ですから③の文も"好像"を使うと、次のように訳すことができるでしょう。

哇，这块蛋糕好像很好吃呀。
Wā, zhè kuài dàngāo hǎoxiàng hěn hǎochī ya. 　課題③

しかし文法的には訳せても、それが中国語としてよく使われる自然な表現なのか、となるとそれはまた別の問題です。"好像"にしても"看上去"にしても「見た限りではそう判断できる」という雰囲気があり、「見た限りではそうだが、実は…」という意味にもとれます。ですから③のように手放しで感情を表している場合、"好像"はなじまない感じがしますし、中国語に「わあ、おいしそう。」という言い方はあるのだろうか、と疑問も感じます。そんなときには次のように言うのではないでしょうか。

好吃吧！ Hǎochī ba！
　おいしいでしょうね！

这块蛋糕一定会好吃吧。Zhè kuài dàngāo yídìng huì hǎochī ba.
このケーキ絶対おいしいよ。

④ レストランガイドで絶賛されている。この店はおいしいはずだ。

　前半は「絶賛されている」とありますが、あえて受身にする必要はないでしょう。「絶賛を博している」は"受到称赞 shòudào chēngzàn"です。"受"に動作が確実におこなわれたり、目的を達成したことを表す結果補語"到"をつけておきましょう。「レストランガイド」は"一本""几本""很多"いずれも可能性がありますが、多くの本のほうが信憑性があるかもしれません。

　後半は「こうなるはずだ、こうであるに違いない」という可能性を表す能願動詞"会"を使えばいいでしょう。"会"と相性のいい副詞が"一定"で、よく次のように使われます。

明天一定会下雨。Míngtiān yídìng huì xià yǔ.
　明日はきっと雨が降るはずだ。
他一定会赞成我的提议。Tā yídìng huì zànchéng wǒ de tíyì.
　彼はきっと私の提案に同意するに違いない。

④も"一定会"を使い、次のように訳せます。

受到很多餐厅指南的称赞，这家餐厅一定会很好吃。
Shòudào hěn duō cāntīng zhǐnán de chēngzàn, zhè jiā cāntīng yídìng huì hěn hǎochī.　**課題④**

§14 「少しゆっくり話してください。」
"働きかけの表し方"

　人に何かしてもらおう・させようと思いことばを発する場合、命令、禁止、依頼、勧誘、助言などの表現を使います。
　命令は、依頼よりも強制力の強い表現です。禁止は否定の命令です。

(1) 早く来い！
(2) まぜるな！　危険。

　日本語の命令や禁止表現は、面と向かって使うには非常にきつい表現で、親しい同等以下の人に対し用いられます。
　ほかにもさまざまな命令や禁止の表現があります。

(3) （秘書に向かって）車！
(4) 芝生に入らないこと。

　秘書に向かって「車！」と言って準備を促すなど、名詞だけを言うのはもっともぞんざいな言い方です。また、立て看板などで使われる(4)の「芝生に入らないこと」は、「芝生に入ってはいけません。」と同じ禁止の意味を表します。
　命令よりも少しやわらかい働きかけは、依頼と呼ばれます。

(5) 少しゆっくり話してください／話していただけませんでしょうか。
(6) （フリーペーパー）ご自由にお持ちください。

　依頼の基本は「てください」です。しかし、メールなど、音声を伴わない伝達では、「てください」だけだときつく聞こえることがあります。特に、「前の授業を休んだので、小テストを返してくだ

さい。」のような場合、とてもきつく聞こえます。その場合、「返していただけませんでしょうか。」のように、「ていただく」に丁寧、否定、推量、疑問などの形式を組み合わせて、より丁寧な言い方をします。(6)は、話し手の利益のために頼んでいるのではありません。「〜してもいい」の丁寧な表現です。

話し手が一緒に動作をすることを働きかけている場合には、勧誘表現が使われます。

(7) **一緒に遊びましょう。**
(8) **映画を見に行かない？**

より丁寧に、「一緒に映画を見に行っていただけないでしょうか。」などと言うこともあります。

働きかけの表現は、話し手と聞き手との人間関係によって、適切な言い方を選ぶ必要があります。反面、うまく使えれば、とってもすてきな人間に見てもらえます。

Q 作文してみよう

① (立て看板) 芝生に入らないこと。
② 少しゆっくり話していただけませんでしょうか。
③ (フリーペーパー) ご自由にお持ちください。
④ 映画を見に行かない？

A 中国語は日本語より表現が単刀直入なので、会話の中でも命令や禁止の表現がよく使われ、それがとりわけきついものだとは感じられません。たとえば動詞ひとつの命令文"来！"も確かにそう丁寧な言い方とは言えず、目上の人などには使わないでしょう。しかし"来！"は「おいで」と訳せるときもあれば「いらっしゃい」と訳せるときもあります。これは、中国語ではあまり敬語表現が使われないためとも言えますが、中国語では命令表現が日本語ほどきつい表現ではない、ということも確かです。

ほかのことばと同様に、中国語でも、文が長くなればなるほど、語調はやわらかく丁寧になります。人に何かお願いしたいときはよく"请"で文を始めます。「(あなたに)～してくださるようお願いする」という意味から相手に向かって「どうぞ～してください。」という文になるのです。命令文に"请"をつければ依頼の文になるとも考えられます。

禁止表現には"别着急。Bié zháojí.（あわてるな）"のような話しことばとは別に、書きことばがあり、公共の場所の注意事項などによく使われています。

① (立て看板) 芝生に入らないこと。

これは芝生に入ることを禁止している文です。「～してはいけない」「～するな」と言いたいときには"不能"や"别"がよく使われます。

这儿不能抽烟。Zhèr bù néng chōuyān.
    ここでたばこを吸ってはいけません。

别开玩笑。Bié kāi wánxiào.
    冗談を言うな。

しかし①のような立て看板や掲示には"不许 bùxǔ""禁止 jìnzhǐ""不准 bùzhǔn""请勿 qǐng wù"などを使った書きことば的なフレーズがよく使われます。

不许　「～は許さない」、やや強い語気の禁止

不许倒放 bùxǔ dàofàng

　　　　荷物をひっくり返さないこと、「天地無用」

禁止　　文字通り「〜禁止」

　　禁止停车 jìnzhǐ tíngchē　　駐車禁止

不准　「〜べからず」、掲示などによく使われる

　　不准随地吐痰 bùzhǔn suídì tǔ tán　　みだりに痰を吐くべからず

请勿　　書きことばで、公共の場所の掲示によく使われる

　　请勿吸烟 qǐng wù xīyān　　禁煙

①は公園などでよく見かけますが、ふつう次の言い方が使われています。

请勿进入草坪。 Qǐng wù jìnrù cǎopíng.　　**課題①**

"请勿〜"は正式で丁寧な感じのする禁止表現で、"勿"は日本語の古語にもある「なかれ」です。

② **少しゆっくり話していただけませんでしょうか。**

　日本語では人に何かを頼むとき、「(〜して)もらえますか」「(〜して)いただけますか」「(〜して)いただけませんでしょうか」とさまざまな言い方を用いて、丁寧さの程度を表します。中国語ではあまり敬語は使わず、特に語尾変化もないので、日本語のような微妙な語気の違いはなかなか表せません。それでも話し手の気持ちや丁寧さに応じて異なる文型を使います。

　②の話し手は相手に「少しゆっくり話す」よう頼んでいます。親しい間のくだけた会話なら次のように言うでしょう。

慢一点儿说，好吗（／好不好）？
Màn yìdiǎnr shuō, hǎo ma (/ hǎobuhǎo)？
　　もう少しゆっくり話してくれる？

"慢一点儿说。"だけなら命令文ですが、それに"好吗？""好不好？"をつけることで、相手にそうしてくれるか尋ねる文になっています。"请慢一点儿说。"とすると、これは相手にお願いする

文になります。「〜いただけないでしょうか。」という感じを出すには"能不能"を使うのもいい訳し方です。

　　能不能慢一点儿说？　Néngbunéng màn yìdiǎnr shuō ?　　課題②

「〜いただけないでしょうか。」と否定疑問になっていますが"不能慢一点儿说吗？"とすると「そうできないのか」と語気が強くなってしまいます。

　もしすでに話をしていて、今の速度よりさらにもう少しゆっくり、ということであれば、副詞の"再"を使って"能不能再慢一点儿说？"としてもいいでしょう。

③（フリーペーパー）ご自由にお持ちください。
　これには決まった言い方があります。

　　请随便拿手。Qǐng suíbiàn ná shǒu.　　課題③

「どうぞ〜してください。」という言い方ですから"请"で始まっています。"随便（ご自由に）"は副詞ですから動詞"拿"の前に置きます。"随便"は意味の幅が広く、

　随便谈谈。Suíbiàn tántan.
　　自由に話しましょう。
　请随便吧。Qǐng suíbiàn ba.
　　どうぞお楽になさってください。
　他的工作态度很随便。Tā de gōngzuò tàidu hěn suíbiàn.
　　彼の仕事をする態度はいいかげんだ。

などの使い方をしますが、ここでは「好きなように、自由に」ということです。

④ 映画を見に行かない？
　「〜するのはどう？」「〜しない？」とある提案をして、それに対する相手の意見を聞く、このようなとき、中国語ではまずその提案の内容を言ってしまい、その後に"好吗？""好不好？"をつけま

す。2つの意味は大体同じですが、返ってくる答えの可能性がフィフティ・フィフティなら"好不好？"を、また「いいでしょ。」と相手に肯定の答えを期待しているなら、"好吗？"を使ったほうがいいでしょう。

　後から「それでいいのか」と尋ねる言い方は、相手を誘うときのほかにも、許可を求めたり、相手の都合を聞くときなどに、よく使われます。

　下星期六去你家玩儿，好吗？　Xià xīngqīliù qù nǐ jiā wánr, hǎo ma ?
　　来週の土曜日あなたの家に遊びに行ってもいいですか？
　用日语写，可以吗？　Yòng Rìyǔ xiě, kěyǐ ma ?
　　日本語で書いてもいいですか？

　④の文は相手に一緒に映画を見に行くことを誘っています。主語は「私たち」ということで"我们"、相手を含む「私たち」と考えると"咱们"ですが、省略してしまってもかまいません。「映画を見に行く」は連動文を使えばいいでしょう。連動文ではふつう目的を表す語句が後に来ます。"（咱们）去看电影"で「（私たちは）映画を見に行く」です。これに相手に尋ねる"好不好？"をつければ、できあがりです。

　（咱们）去看电影，好不好？
　(Zánmen) qù kàn diànyǐng, hǎobuhǎo ?　　課題④

§15 「もっと勉強しなければいけない。」
"義務・助言・許可の表現"

　人間、好きなことばかりをして過ごせるわけではありません。権利を行使したければ義務も果たさなければなりません。義務は、「〜しなければいけない」や「〜べきだ」を用いて表します。

(1)　きみは、もっと勉強しなければいけない。
(2)　社会人なら、あいさつぐらいするべきだ。

　「〜しなければいけない」は、「〜しなければならない」や「〜しなくてはいけない」などと言っても基本的な意味はかわりません。話しことばでは「〜しなくちゃ」や「〜しなきゃ」とも言います。「〜しなければいけない」と「〜べきだ」は、強制力に違いがあります。たとえば、法律で決まっていれば、「〜しなければいけない」と言いますが、理想や努力目標であれば「〜べきだ」を使います。
　これらの義務の表現は、聞き手の義務を伝える場合、命令と同じ働きをもちます。命令よりもやわらかく促すには、次のような助言の表現を用います。

(3)　もっと勉強したほうがいいよ。
(4)　あいさつしたらどう？

　一般に、「〜したらどう？」のほうが、やわらかく聞こえます。もちろん、どちらも抑揚の付け方次第できつく聞こえることもあるので、言い方には注意が必要です。
　相手に促す表現では、「〜てもいい」のような許可を与える表現もあります。

(5)　掃除が終わったら、もう帰ってもいいですよ。

許可を与える人は、そのような権限をもった人です。たとえば、(5)のように先生に言われたら素直に帰りますが、友人が掃除をしているのを手伝ってあげたのに(5)のように言われたら怒ってしまいます。

　このようなことは、一見、あたりまえのように感じるかもしれませんが、実際、次のような応答はよく耳にします。

(6) 　先生「暑くなってきましたね。暖房を消してもいいですか。」
　　　学生「いいですよ。」

　「いいですよ」では、先生に対し許可を与えていることになってしまい、失礼です。この場合、学生が実際に暑いと感じているのなら、「お願いします」を使います。

　§14の働きかけの表現やこの課の助言や許可の表現は、日本語に限らず、相手や場面に応じて使い分ける必要があります。上手に使ってよい人間関係を構築したいものです。

Q 作文してみよう

① きみは、もっと勉強しなければいけない。
② もっと勉強したほうがいいよ。
③ 掃除が終わったら、もう帰ってもいいですよ。
④ 「暖房を消してもいいですか。」「お願いします。」

A 「〜しなければいけない」のような表現には"要""得""应该"などの能願動詞がよく使われます。可能や願望を表す能願動詞には、この"要""得"などのような義務や判断を表すものもあるのです。そして可能でも「どういう意味でできるのか」によって異なる能願動詞を使ったのと同じように、「〜しなければいけない」もまたその意味合いによって能願動詞を使い分けます。

① **きみは、もっと勉強しなければいけない。**

「〜しなければいけない」ですから"要""得""应该"などを使うことが考えられます。この中で"应该"は「道理や人の感情から考えて当然そうすべきだ」という内容の文によく使われ、ちょうど英語の"should"に似ています。

我们应该遵守交通规则。Wǒmen yīnggāi zūnshǒu jiāotōng guīzé.
　　私たちは交通規則を守るべきだ。

学生应该努力学习。Xuésheng yīnggāi nǔlì xuéxí.
　　学生は一生懸命勉強すべきだ。

それに対して"要"や"得"は"must"に近いと言えるでしょう。さらに"要"と"得"を比べると、"得"には「そうしなければいけないのだから、そうする」、一方"要"には「そうする必要を感じているので、自分の意志としてそうしなければいけない」という意味があります。①の文は「もっと勉強する必要がある、だから勉強しなければいけないのだ。」ということですから"要"を使うといいでしょう。

「もっと勉強する」とありますが、ただ機械的に勉強の量を増やす、というわけではなく「もっと力を入れて」という含みがありますから、"加倍 jiābèi 努力学习"としたほうが具体的でわかりやすい訳になります。"加倍"は「いっそう、ひとしお、ますますもっと」の意味で、よく"加倍努力"の形で動詞を修飾します。

你要加倍努力学习。Nǐ yào jiābèi nǔlì xuéxí.　　**課題①**

② **もっと勉強したほうがいいよ。**
　この文の主語は、"我们／咱们""他／她"かもしれませんが、ふつうに考えると"你"でしょう。ですから「もっと勉強するように」というアドバイスの内容は①と同じです。しかし①は「そうしなければいけない」とはっきり言いきっているのに対し、②の文は「～したほうがいいよ」というやわらかな忠告と考えられます。それには"最好"を使うといいでしょう。"最好～"は「最もいいのは～」ということですが、さらに「～するのに越したことがない」「～したほうがいい」の意味でも使われます。

　最好不做这样的工作。Zuìhǎo bú zuò zhèyàng de gōngzuò.
　　こんな仕事はしないほうがいい。

　最好亲眼看一次。Zuìhǎo qīnyǎn kàn yí cì.
　　自分の目で一度見てみたほうがいい。

"最好"の後は「もっと（努力して）勉強する」ですから①と同じです。

最好加倍努力学习。 Zuìhǎo jiābèi nǔlì xuéxí.　　課題②

「今以上にもっと」ということなら"再努力学习"、「勉強の量をもっと多めに」ということであれば"多学一点儿"となります。

③ **掃除が終わったら、もう帰ってもいいですよ。**
　この文の「掃除が終わる」のも「帰っていい」のも主語は"你"ですが、内容から想像できますから省略してかまいませんし、そのほうが自然な文になります。「もう帰ってもいい」というのは話し手が相手に許可を与える文ですから、§12の可能表現でも出てきた能願動詞"可以"を使います。

　病好了，你现在可以游泳。Bìng hǎo le, nǐ xiànzài kěyǐ yóuyǒng.
　　病気が治ったので、あなたはもう泳げます。

この文も、実はお医者さんなどから「もう泳いでいい」と許可されたことを言っているのです。

你可以一个人去旅行。Nǐ kěyǐ yí ge rén qù lǚxíng.
　あなたはひとりで旅行に行ってもいいです。

这里可以照相。Zhèli kěyǐ zhàoxiàng.
　ここで写真を撮ってもいいです。

　このように「〜してもいい」にぴったり合う表現は"可以"を使った文です。
　前半の「掃除が終わったら」ですが、「〜たら」があるからといって仮定を表す"要是"などを使うと「事実に反する仮定」の意味が強く出すぎてしまいます。「〜したときには」くらいの意味ですから"〜的话"でいいでしょう。

打扫完了的话，可以回家。Dǎsǎo wánle de huà, kěyǐ huíjiā.　　課題③

日本語には「もう」とありますが、"打扫完了的话"の"了"から「こういう状況になったら、もう（〜だ）」という意味がうかがえます。ですから、あえて訳さなくてもかまいません。

④「暖房を消してもいいですか。」「お願いします。」
　前半は「〜してもいいですか。」と許可を求める内容ですから、③と同じように能願動詞"可以"を使って訳すことができます。許可を求めるときにも、依頼や誘いの文と同様にその内容を言ってしまい、その後に"可以吗？"をつける文がよく使われます。

用日元付钱，可以吗？　Yòng Rìyuán fù qián, kěyǐ ma？
　日本円で払ってもいいですか？

先跟大家商量然后回答，可以吗？
Xiān gēn dàjiā shāngliang ránhòu huídá, kěyǐ ma？
　まずみんなと相談して、それから返事をしてもいいですか？

　「暖房」は"暖气设备 nuǎnqì shèbèi"という訳語がありますが、今はあまり使われないので、"空调 kōngtiáo（エアコン）"としたほうがいいでしょう。電気製品のスイッチを「消す」は"关"ですが、動作が確実におこなわれることを表す補語"上"をつけると安定し

ます。また「何をどうする」という文ですから"把"を使ってもすっきりした訳になります。

"把空调关上，可以吗？" Bǎ kōngtiáo guānshang, kěyǐ ma ?"　課題④

「お願いします。」には"拜托了。Bàituō le."という決まった言い方があります。この語気助詞の"了"は「そういうことに決定した」という語気を表します。日本語では「～していいですか。」に対して「いいですよ。」と言うと少し失礼な感じがしますが、中国語ではそういうことはありません。もちろん「お願いする」という気持ちを表したいのなら"拜托了。"がいいでしょうが、

"关上吧。Guānshang ba." （消してくださいよ。）　課題④

でもかまいません。くだけた会話なら、"可以吗？"と聞かれているので"可以。"と答えるでしょう。

§16 「おいしいステーキが食べたいなあ。」
"意志・願望の表現"

次に、意志や願望などの表現を見ていきます。

意志は、「しよう」のような意向形のほか、「する」のような終止形でも表されます。「する」は、「ぞ」のような終助詞を伴うこともあります。

(1) **来年こそアメリカに留学しよう。**
(2) **絶対、コンクールで優勝するぞ！**

「しよう」よりも「する(ぞ)！」のほうが、強い意志を表します。

意志や願望を具体的な行動に移す決心を表すには、次の表現が使われます。

(3) **長年の夢だったアメリカ留学を、今年こそかなえるつもりです。**
(4) **今年の秋、アメリカに留学することにした。**
(5) **これからは遅刻しないようにします。**

(3)のような「つもりだ」よりも、(4)のような「ことにする」のほうが、具体的で現実的な決心を表します。(5)の「ようにする」は、習慣的な動作や状態の実現に向けて努力をするという意味で使われます。なお、「つもりだ」の否定には、「家へ帰らないつもりです」と「家へ帰るつもりはありません」の２つの表現がありますが、後者のほうが強い否定です。

願望の表現には次のようなものがあります。自分が動作をする場合には「〜たい」、物には「ほしい」、ほかの人の動作を望む場合には「〜てほしい」を使います。

(6) おいしいステーキが食べたいなあ。
(7) 新しいテニスのラケットがほしい。
(8) 彼女に優勝してほしい。

「〜たい」と「ほしい」は、ふつう、対象を「が」の格で表します。「〜てほしい」は、「〜てもらいたい」と言うこともできます。

願望は本人しかわかりません。ですから、日本語では、「×妻は、ステーキが食べたい。」や「×夫は、テニスのラケットがほしい。」のように第三者を主語にして「〜たい」や「ほしい」は使えません。代わりに、気持ちを感じ取って、「妻は、おいしいステーキを食べたがっている。」や「夫は、テニスのラケットがほしそうだ。」のように「〜がる」や「〜そう」「〜らしい」などを使って表現します。日本語は、直接感じていることと、間接的に感じ取ってわかることを、こういう場合にも表現し分ける言語なのです。

Q 作文してみよう

① 来年こそアメリカに留学しよう。
② 長年の夢だったアメリカ留学を、今年こそかなえるつもりです。
③ おいしいステーキが食べたいなあ。
④ 夫は、テニスのラケットをほしがっている。

A 「～しよう」「～するつもりだ」「～したい」のような意志や願望を表現するのに、中国語では"要（～したい）"や"想（～したいと思う、～しようと思う）"などの能願動詞や、"決定（～することにした）""打算（～するつもりだ）"などの動詞を使います。さらに"一定（きっと、必ず）""絶対（絶対に）""真（本当に）"などの副詞によって、話し手の気持ちの強さを表すこともできます。

日本語の願望表現「～たい」「ほしい」は自分のことを言う場合や相手に尋ねる場合に使い、ほかの人が主語になると「彼女はアメリカへ行きたがっている」「彼は新しい車をほしがっている」のように「～たがる」「ほしがる」を使わなければなりません。しかし中国語にはそういう使い分けはなく、次のようにどんな主語にも同じ能願動詞や動詞が使えます。

　我想要去西藏。Wǒ xiǎngyào qù Xīzàng.
　　私はチベットに行きたい。

　她想要去西藏。Tā xiǎngyào qù Xīzàng.
　　彼女はチベットに行きたがっている。

① **来年こそアメリカに留学しよう。**
　これは本人の意志とも決意とも考えられますから、能願動詞の"要"を使って訳せます。"要"にはさまざまな意味がありますが、いずれにせよ、話し手の意志を感じさせる語なので、①の内容にはぴったりです。

　「アメリカに留学する」を中国語に訳すときには"去美国留学（アメリカに行って留学する）"と連動文にするのが自然です。"留学（留学する）"は目的なので後、と考えてもいいですが、連動文ではふつう動作をおこなう順になる、と覚えておいてもいいでしょう。

　「来年こそ」の「こそ」には話し手の強い意志が表れています。この「こそ」は「来年」だけにかかっているというよりはむしろ、「今度こそ実現するぞ！」と文全体にかかっているのですから"一定"を使うといいでしょう。"要"や"一定"から話し手の意志で

あることがわかるので、主語は省いてもかまいません。

明年一定要去美国留学。

Míngnián yídìng yào qù Měiguó liúxué.　課題①

この文では"要"が意志を表しています。もし"要"をとって"明年一定去美国留学吧。"としたら勧誘の文になるでしょう。

② **長年の夢だったアメリカ留学を、今年こそかなえるつもりです。**

　「長年の夢だったアメリカ留学」はこの文の目的語ですが、中国語ではあまり長い目的語は、文頭に出してしまう傾向があります。ではその目的語の部分から考えてみましょう。日本語と同じ語順で"多年的梦想 mèngxiǎng 的美国留学"と訳すとどうも不自然です。それは"～的…的"と"的"が2つも並んでしまうからかもしれませんが、中国語ではふつう名詞の前にあまり長い修飾語はつけません。また"美国留学"という名詞もあまり耳慣れた言い方ではありません。ここでは名詞句にせずに「アメリカ留学は長年の夢だったのだけど、それを今年こそ…」と続けていったほうが中国語らしい文になるでしょう。

　「アメリカ留学」は「アメリカへ留学する」で①と同じく連動文を使い"去美国留学"としますが、中国語では動詞句もそのまま主語になれますから"去美国留学是我多年的梦想"と訳せます。

　後半は「～つもりです」という文です。「～つもりだ」に当たる"打算"は、次のような客観的な予定や心づもりを表す語です。

　　我下星期打算提交报告。Wǒ xià xīngqī dǎsuan tíjiāo bàogào.
　　　　私は来週レポートを提出するつもりです。

②は強い意志を表している文ですから、能願動詞の"要"を使い、その前に副詞"一定"をつけるといいでしょう。"一定"と"要"は相性がよく、よく一緒に使われます。また「なんとしても」という気持ちを出したいなら、次のように"怎么也"を使った訳し方もできます。

去美国留学是我多年的梦想，今年一定要实现（／怎么也要实现）。

Qù Měiguó liúxué shì wǒ duō nián de mèngxiǎng, jīnnián yídìng yào shíxiàn (/ zěnme yě yào shíxiàn).　　**課題**②

③ おいしいステーキが食べたいなあ。

　「～たいなあ」という願望の文です。「～なあ」とあるからといって必ずしも感動を表す語気助詞を使わなければならないわけではありません。「～なあ」のような「心から本当にそう思っている」ことを表すには、副詞の"真"を使うといいでしょう。願望の能願動詞"想"の前につけて"我真想～"とすれば「本当に～したいなあ」という文ができます。強い意志を感じさせたいなら"要"を使って訳すこともできます。

我真想吃很好吃的牛排。

Wǒ zhēn xiǎng chī hěn hǎochī de niúpái.　　**課題**③

また「ちょっと味わってみる」というニュアンスなら"尝 cháng（味をみる、賞味する）"を重ね型にし"我真想尝尝很好吃的牛排。"と訳してもいいでしょう。"真想"という言い方はしますが"真要"とは言いません。語と語の相性もしっかり頭に入れておかなくてはならないでしょう。

　③は比較的、実現可能なことですから"真想～"などで表現できますが、実現が難しいことについて「こんなことが実現できたら、どんなにいいだろう」と言いたいときには"多好啊。（どんなにいいだろう）"を使い、次のような文を作ることもできます。

好像一只鸟能飞上天多好啊。
Hǎoxiàng yì zhī niǎo néng fēishang tiān duō hǎo a.
　鳥のように空を飛べたらなあ。

能去德国留学多好啊。 Néng qù Déguó liúxué duō hǎo a.
　ドイツに留学できたらどんなにいいだろう。

④ **夫は、テニスのラケットをほしがっている。**

　中国語では「私はほしい」「あの人がほしがっている」のように、主語によって使う語の語形が変わることはありません。主語が誰であれ、願望なら能願動詞"想""要""想要"などを使えばいいのです。日本語では名詞の後に「を」をつけ「ほしがっている」と続けていますが、中国語では具体的な表現を好みますので、「どうしたがっているのか」という動詞もつけたほうが中国語らしい文になるでしょう。④の日本語から考えられるのは「今は持っていないので買いたい」あるいは「今持っているもの以外に買いたい」ということですから、動詞は"买"ということになります。

丈夫想要买支球拍。 Zhàngfu xiǎngyào mǎi zhī qiúpái.　　課題④

「夫」は"我的先生"とも訳せます。

コラム4

その「〜と思います」は必要ですか？

日本語では、よく、「と思います」を使います。話しことばならともかく、作文やレポートであまり使いすぎると、何だか主張の弱い文章になってしまいます。

(1) 主人公は、とてもさびしそうだと思いました。もっと、周りの人が助けてあげるべきだと思います。私が困っている人を見たら、ぜったい助けると思います。

　「と思います」には、2種類あります。「〜そうだ」や「〜べきだ」のような、話し手の判断を表す形式に付く場合には、「と思います」なしで「さびしそうでした」や「あげるべきです」と言っても、あまり大きな違いは感じられません。しかし、「ぜったい助けます。」と「ぜったい助けると思います。」とでは、決心の強さに違いがあるように感じられます。

　中国語では、どんなときに「〜と思います」に相当する表現を使いますか。

中国語にも日本語の「〜と思います」に当たる言い方があり、ある意味では日本語より頻繁に使われています。「思う」に一番近い語は"想"でしょう。"想"は普通動詞ですが、能願動詞でもあり、「〜してみたいと思います。」という意味の願望の文を作ります。

我也这样想。　　　私もそう思います。
我想他一定来。　　私は彼はきっと来ると思います。
我想看中国电影。　私は中国映画を見たい。

「〜と思う」の意味を表す動詞は"想"のほかにも"相信""认为""觉得""打算"などがあり、話の内容によって使い分けられています。

我相信他一定考上大学。Wǒ xiāngxìn tā yídìng kǎoshang dàxué.
　　私は彼がきっと大学に合格すると思います。（相信≒信じている）
我认为这是最好的方法。Wǒ rènwéi zhè shì zuì hǎo de fāngfǎ.
　　私はこれが最もいい方法だと思います。（认为≒みなす、判断する）
我觉得室内有点儿热。Wǒ juéde shìnèi yǒudiǎnr rè.
　　私は室内がちょっと熱いと思います。（觉得≒感じる）

　また、日本語では「〜と思います」の主語「私」は省略されることが多いのに対して、中国語では"我想"の"我"は省略しません。日本語では「彼は思います」は不自然で「彼は思っています」「彼は思っているようです」としますが、中国語では主語が1人称でなくても"他想〜""她们觉得〜"のように動詞は同じです。
　意味を比べてみると、日本語の「〜と思います」が語調をまろやかにしているのに対して、中国語の"我想〜"などは「誰がどう思うのか」をはっきりさせる働きをしているようです。

§17 「雨が降るから、傘を持っていきなさい。」
"原因・理由と逆接の表現"

　日本語では、「から」や「て」などの接続助詞と呼ばれる助詞を用いて、より複雑な文、つまり複文を作ります。複文にはいろいろな意味による結びつきがありますが、ここでは、原因・理由と逆接の表現を見ていきましょう。

(1)　雨が降る<u>から</u>、傘を持っていきなさい。
(2)　雨が降らない<u>ので</u>、農家の人が困っています。
(3)　風邪を引い<u>て</u>学校を休んだ。

　原因や理由を表す代表的な接続助詞は、「から」と「ので」です。「から」は、後ろに依頼や命令、あるいは推量の表現が来る場合に使われる、主観的な原因や理由の把握を表す接続助詞です。一方、「ので」は、(2)のような客観的な描写によく使われます。因果関係を過去の事実として簡潔に表す場合には、(3)のように「て」を使います。
　原因や理由を表す表現には、ほかにも次のようなものがあります。

(4)　大雨が降った<u>ために</u>、作物が全滅した。
(5)　インフルエンザが流行した<u>せいで</u>、旅行が中止になってしまった。

　「ために」は、より客観的でかたい文章でもよく使われます。また、(5)のような、前の部分が原因となって「悪い事態が実現した」ことを表す「せいで」や、逆に、「よい事態が実現した」ことにも使える「おかげで」などの表現も、原因や理由を表すために使われます。
　日本語にこのように多様な原因・理由の表現があるのは、日本語が、主として言いたい部分よりも原因・理由を表す部分をふつう前に置く言語だからです。最後まで聞かないと文全体の伝えたいこと

がわからないのでは困るので、接続表現を聞けばある程度推測できるようにしているのです。

これは、逆接の「ても」と「のに」の場合にも言えます。

(6) 彼女は、お金がなく<u>ても</u>、いつも笑顔を絶やさなかった。
(7) せっかくケーキを作った<u>のに</u>、彼は食べてくれなかった。

(6)は「なかったが」と言っても同じ意味です。(7)の「のに」は、より主観的で、「せっかくケーキを作った」というできごとから予想される結果が得られないことに対する驚きや不満を表します。

このように、接続助詞自体が後の部分を予測させる力をもっていることから、後の部分を言わない用法も発達しました。

(8) 会議、もうすぐ終わる<u>から</u>ね。
(9) せっかく作った<u>のに</u>。

(8)は、要求部分を聞き手の想像に任せることで、やわらかく「待っていてね」などと要求しています。また、(9)は、「食べてくれない」または「食べてくれなかった」ことをうらめしく思っていることを表しています。

日本語の語順ならではの形式の多様性と働きがあるのです。

Q 作文してみよう

① 雨が降るから、傘を持っていきなさい。
② 風邪を引いて学校を休んだ。
③ せっかくケーキを作ったのに、彼は食べてくれなかった。
④ せっかく作ったのに。

A 原因や理由を表すのに、中国語では"因为（〜という理由で）"や"由于（〜のために）"のような接続詞を使います。このような接続詞は単独でも使いますが、"因为〜所以…（〜という理由で、それで…）""由于〜因此…（〜であるため、そのため…）"と呼応する形をとることもあり、こうすることで因果関係をより明らかにすることができます。ただ、原因、理由と結果の関係がたやすく想像できるような場合には

　没有钱，我不买。Méi yǒu qián, wǒ bù mǎi.
　　お金がないので買いません。

のように接続詞など使わずに、2つの単文を並べてしまってかまいませんし、中国語としてはそのほうが自然な文になります。

　逆接にも"但是""可是"などの接続詞が使われ、"虽然〜但是…（〜ではあるが、しかし…）""即使〜也…（たとえ〜であっても…）""再〜也（就）…（どんなに〜でも…）"など、さまざまな逆接表現ができます。

① 雨が降るから、傘を持っていきなさい。
　「雨が降る」と「傘を持っていきなさい」この2つの文の意味の関係は想像がつきそうです。ですから、あえて因果関係を表す接続詞など使わず、2つの単文を並べておけばいいでしょう。
　「雨が降る」は存現文になりますから、動詞"下（降る）"が先で"下雨"となります。ここでは「これから雨が降る」ということです。近い将来に何かが起こることを言う"快要〜了"の文にしてもいいのですが、そうすると「もうすぐこうなる」ということが強調されすぎる感じがします。それよりも「今日はこれから雨だ」という意味の"今天有雨。""今天要下雨。"がいいでしょう。
　「傘を持っていきなさい。」は「ある状態で動作をする」と考えると"着"を用いて"带着雨伞去吧。"とも訳せます。しかし「傘を持っていく」ということが主眼なのですから"别忘了带雨伞。（傘を持っていくのを忘れないで）"のほうが、この文には合っているかもしれません。この2つの単文を並べ、全体としては次のように

なります。

今天有雨，别忘了带雨伞。
Jīntiān yǒu yǔ, bié wàngle dài yǔsǎn.　　課題①

② **風邪を引いて学校を休んだ。**
　これも①の文と同じように「風邪を引いた」のと「学校を休んだ」ことの意味の関係が想像できますから、中国語では「て」のような接続の働きをする語は使わなくてもかまいません。「風邪を引いた」「学校を休んだ」を並べればできあがります。
　「風邪を引いた」は"得了感冒 déle gǎnmào"です。「引いてしまった」のですから動詞"得"には"了"をつけます。"了"の後に何の修飾成分もつかない目的語が来ると、その文は完結せず、まだ後に続く感じがしますから、この文にはぴったりです。「学校を休んだ」は"没（有）"を使い、"没去学校上课。"となります。日本語は「学校を休んだ」ですが、中国語ではもう少し具体的に述べ、"去学校上课（学校に行き授業に出る）"の否定形を使ったほうがいいでしょう。

我得了感冒，没去学校上课。
Wǒ déle gǎnmào, méi qù xuéxiào shàng kè.　　課題②

　①や②の文は確かに原因や理由、そしてその結果を表しています。しかしだからといって"因为～所以…"を使い、"因为得了感冒，所以没去学校上课。"とすると、「～の理由によって、その結果…ということになった」という因果関係が強調されすぎて、あまり自然な文とは言えません。

③ **せっかくケーキを作ったのに、彼は食べてくれなかった。**
　「～のに」は「～にもかかわらず」ということで"虽然"などの接続詞もありますが、この文も「せっかくケーキを作った」「彼は食べてくれなかった」と2つの単文を並べるだけで十分です。
　前半の主語は"我"と考えるのが自然です。「せっかく」は"特

意 tèyì"で、次のような文でよく使います。

您特意来看他，他偏巧正在旅行不在家。
Nín tèyì lái kàn tā, tā piānqiǎo zhèngzài lǚxíng bú zài jiā.
　せっかく訪ねてくださったのに、彼はあいにく旅行中で家にいません。

「せっかくケーキを作った」は誰が誰のためにそうしたのかをはっきりさせたほうがいいでしょう。

我特意为他做了蛋糕。Wǒ tèyì wèi tā zuòle dàngāo.

これも②と同じように"做了"の後が何の修飾語もつかない目的語なので、文はまだ続く感じがします。

後半は、その前に述べられている内容に対して、期待や予想と逆になる内容です。このようなときに役に立つのが"却 què"です。

他这么努力学习，却没有考上大学。
Tā zhème nǔlì xuéxí, què méi yǒu kǎoshang dàxué.
　彼はこんなに一生懸命勉強したのに、大学に合格しなかった。

现在已经六月了，却很少下雨。
Xiànzài yǐjing liù yuè le, què hěn shǎo xià yǔ.
　今はもう6月になったのに、雨が少ない。

「せっかくケーキを作った」のですから、当然食べてくれるものと期待していたわけですが、その期待に反したのです。日本語は「食べてくれなかった」と「～くれなかった」を使っていますが、"却"によって、その前に述べたような期待に反して、という意味を出すことができますから、"却没吃。"で十分です。

我特意为他做了蛋糕，他却没吃。
Wǒ tèyì wèi tā zuòle dàngāo, tā què méi chī.　　**課題③**

④ せっかく作ったのに。
　これも「せっかく～した」ですから"特意"が使えます。"我特意做"の前に"这是"をつけます。

这是我特意为他做，但是…
Zhè shì wǒ tèyì wèi tā zuò, dànshì...　　課題④

この"这是"は"这是我的书。(これは私の本です)"のような具体的な物を指しているのではありません。状況、事情を指して「これはどういうことかと言うと〜」と文を始めるときに使います。ここでは逆接の接続詞"但是"をつけ、後は省略しましょう。もちろんその後に実際はどうだったのか述べるとすれば③と同じような文になります。

§18 「春になると花が咲く。」
"条件と時間の表現"

複文のもっとも重要な表現のひとつに、条件の表現があります。

(1) **春になると花が咲く。**
(2) **雨が降れば、お祭りは中止になる。**
(3) **飲んだら乗るな。乗るなら飲むな。**

「と」「ば」「たら」「なら」に代表される条件の表現も、日本語は豊富です。「と」は恒常的な条件で、(1)のような毎年そうなっているという場合のほか、数学の説明にもよく使われます。「ば」は、一般的な条件です。(2)では「雨が降らなければ中止にならない」という裏の意味があります。「ば」は、また、「どうすれば来てもらえるんですか。」のように、疑問詞を伴って条件を聞く場合にもよく使われます。「たら」は、本来、完了の助動詞ですから、「その後で」という意味を含みます。反対に「なら」は「そのような既定事実がある場合には」という意味になります。

「と」と「たら」の文の最後が過去の場合、ふつうは、話し手の観察や発見が示されます。

(4) **デパートに {行くと/行ったら} 閉まっていた。**

(4)では、「デパートに行った」話し手が、「デパートが閉まっていた」状況を観察していることを表しています。このように、日本語の「と」や「たら」は、単なる条件と言えないこともあるので注意したいものです。

条件表現には、実際におこらなかったことに対し空想する用法もあります。

(5) お金が十分にあれば、旅行に行くのに。
(6) 一本前の電車に乗っていたら、事故に遭っていただろう。

(5)は「お金が十分にないから、旅行に行けない。」という意味です。(6)も同様で、事故に遭ってはいません。

条件表現と似ているのが、時間の表現です。

(7) 彼は、困ったときには、必ず助けてくれる。
(8) 子どもが寝ている間に、買い物に行ってきました。

(7)は「困ったら」と言い変えることもできます。(8)は、後ろに来るできごとが、一回きりの動作か変化でなければなりません。たとえば、後ろに、一定の時間持続した「本を読んでいました。」のようなできごとが来たら、「間に」を「間」として、次のように言わなければなりません。

(9) 子どもが寝ている間、本を読んでいました。

日本語は、いろいろなところで、後に来ることばを予測させる言語なのです。

Q 作文してみよう

① 雨が降れば、お祭りは中止になる。
② デパートに行ったら閉まっていた。
③ お金が十分にあれば、旅行に行くのに。
④ 子どもが寝ている間に、買い物に行ってきました。

A 　日本語の条件の表現には、(1)のような「こうなれば（必ず、あるいは大体は）こうなる」という恒常的な条件や(2)のような「この場合は、こうなる」という一般的な条件がありますが、このどちらにも広く使われるのが接続詞の"要是""如果"などです。"就"や"～的话"とセットになり"要是～就…／如果～的话，就…（もしも～ということであれば…だ）"のような文を作ります。条件となることの起こる可能性が低い場合、日本語にもある"万一 wànyī"も使われます。

　しかしこの条件の表現でも、§17の原因・理由の表現と同じように、条件とその結果として起こることの関係が想像できる場合は、接続の働きをする語を入れないほうがかえって自然な文になります。

　また「とき」や「間」も、(7)のように「そういう場合には、もしもそういうことになったら」という場合や、(8)のように「その機会を利用して」という場合などある種の条件を表します。

① **雨が降れば、お祭りは中止になる。**

　「雨が降れば」は「もし雨が降った場合には」という意味の仮定条件です。ですから"要是～的话（もし～ということであるなら）"が使えます。会話では次のように"～的话"だけを使うことも多いようです。

　　你去的话，我不去。Nǐ qù de huà, wǒ bú qù.
　　　あなたが行くなら、私は行かない。

　　你买不到那本书的话，我借给你吧。
　　Nǐ mǎibudào nà běn shū de huà, wǒ jiègěi nǐ ba.
　　　あの本が手に入らなかったら、私があなたに貸してあげよう。

　しかし①の文では「こういう場合には」とはっきり仮定条件を述べているので"要是～的话"と言ったほうがいいでしょう。
　「お祭り」には"祭祀 jìsì""赛会 sàihuì"などの訳語がありますが、村祭り、縁日など日本人が思い浮かべる「お祭り」には"庙会 miàohuì"が合います。文の後半には、前半の"要是"を受けて"就"

を使いましょう。"要是~就…（もしも~なら…になる）"は仮定の文でとてもよく使われる文型です。"就"によって、「そういう条件であれば→こうなる」と事がすみやかに進むことを表せます。「お祭りは中止になる」には

庙会就中止了。　Miàohuì jiù zhōngzhǐ le.
庙会停止举行了。　Miàohuì tíngzhǐ jǔxíng le.
庙会就不举行了。　Miàohuì jiù bù jǔxíng le.

などの訳が考えられます。文末の"了"は、状況の変化や新しい状況の出現を表す語気助詞で、「雨が降れば→お祭りは中止」と状況が変わることを示しています。

要是下雨的话，庙会就不举行了。
Yàoshi xià yǔ de huà, miàohuì jiù bù jǔxíng le.　　課題①

② デパートに行ったら閉まっていた。

　この「行ったら」の「たら」は仮定条件を表す「たら」ではありません。「ある行動をとったところ」の意味で、その結果どうなったかを述べる文につながっていきます。主語はふつうに考えると"我"ですから"我去了百货大楼 bǎihuò dàlóu"となります。"了"の後にある目的語に何の修飾語もついていないので、まだ文が続くことを表せます。

　「デパートに行った」のは当然買い物をするつもりだったのでしょうから、期待を裏切られ目的は果たせなかったのでしょう。こういう場合は、事のなりゆきをはっきりさせるために逆接の接続詞"可是""但是"などを使います。「閉まっていた」は状態の継続を表す"着"を使い"关着门"としてもいいですが、「開いていなかった」ということから"没开门"とするのもいい訳し方です。さらに「あいにく」の表現を表す"不巧 bùqiǎo"を入れ"可是不巧没开门"とすれば、この文の言いたいことがより具体的に表せます。

我去了百货大楼，可是不巧没开门。
Wǒ qùle bǎihuò dàlóu, kěshì bùqiǎo méi kāimén.　　課題②

③ お金が十分にあれば、旅行に行くのに。

　前半は「もしも～ば」という意味の仮定条件ですから、"要是"や"如果"で始めればいいでしょう。「もしもお金があれば」は"要是有钱"ですが、「お金がある」ことが必要条件だ、という意味ならば、"只要（～でありさえすれば）"も使えます。"只要"は次のような文に使われます。

只要天天练习，你就一定能学好。
Zhǐyào tiāntiān liànxí, nǐ jiù yídìng néng xuéhǎo.
　　毎日練習しさえすれば、あなたはきっとマスターできる。

只要吃点儿药，你的病就好了。
Zhǐyào chī diǎnr yào, nǐ de bìng jiù hǎo le.
　　ちょっと薬を飲みさえすれば、あなたの病気はすぐによくなるだろう。

③の前半も"只要"を使って"只要有很多钱"と訳せます。「十分に」は連体修飾語として"钱"を修飾したほうが、文がわかりやすくなるでしょう。「十分な」は"足够"とも考えられますが、"足够"だと「何かするのに不足なく、間に合う」という意味なので、ここは"很多钱"にしましょう。

　「旅行に行く」は今までにも何度も出てきた連動文を使います。「旅行に行く」は"去旅行"です。③では「旅行に行くことができるのに」という気持ちが含まれていますから"能去旅行"としたほうがいいでしょう。

只要有很多钱，就能去旅行。
Zhǐyào yǒu hěn duō qián, jiù néng qù lǚxíng.　　課題③

　さらに文末に"可是"など逆接の接続詞をつけておけば、「しかし残念だなあ」という余韻を残す文になるでしょう。"只要有很多钱，就能去旅行，可是…"となり、日本語の「行くのに。」という語気を出すことができます。

④ 子どもが寝ている間に、買い物に行ってきました。
　「間に」には「ある時間内に」の意味があり、その場合、中国語

では"时候"を使います。

你不在的时候，他来找你。Nǐ bú zài de shíhou, tā lái zhǎo nǐ.
あなたのいない間に、彼があなたを訪ねてきた。

しかし「間に」にはもうひとつ「そのチャンスをのがさずに」という意味もあり、それにはもともと「乗る→乗じる」という意味の動詞"趁 chèn"を使います。

趁热吃吧。Chèn rè chī ba.
熱いうちに食べなさい。

趁着年轻的时候，去很多地方旅游吧。
Chènzhe niánqīng de shíhou, qù hěn duō dìfang lǚyóu ba.
若いうちに、たくさんの所へ旅行しなさいよ。

"趁"の後には名詞（句）、形容詞のほかに動詞（句）や短い文もつけることができます。また"趁"は後につく語が2音節の形容詞、動詞句、短い文のときには"趁着 chènzhe"としてもかまいません。④の文なら"趁（着）孩子睡觉"となります。

「買い物に行ってきました。」は③と同じく連動文を使い"去买东西了。"です。文末に語気助詞の"了"をつければ、もう買い物が終わり帰ってきていることがわかります。

趁（着）孩子睡觉，去买东西了。
Chèn (zhe) háizi shuìjiào, qù mǎi dōngxi le. 　課題④

§19 「パリに着いた3日後、彼はローマに発った。」
"名詞修飾表現1"

　名詞修飾表現を使って複文を作ることもあります。日本語では、修飾する部分（下線部分）を修飾される名詞（□部分）の前に置くだけで、名詞修飾表現が作れます。

(1)　<u>音楽を聴いている</u>|男の人|が後ろに立っていた。
(2)　<u>彼がCDを買った</u>|店|は、あそこです。

　(1)は、「男の人が音楽を聴いていた」という関係にあります。つまり、「男の人」は、下線部分の動詞「聴く」の主語にもなっているのです。一方、(2)では、「(その)店でCDを買った」という関係にあります。英語なら関係代名詞か関係副詞かでもめるところですが、日本語は並べるだけでいいのです。
　さらに、次のように言うこともできます。

(3)　<u>パリに着いた</u>|3日後|、彼はローマに発った。

　これも、考えてみれば、「パリに着いた日の3日後」と言うべきかもしれませんが、日本語ではこれでいいのです。
　下線部が、修飾される名詞の内容を表す場合もあります。

(4)　彼は、<u>日本語を教える</u>|ボランティア|をしている。
(5)　<u>我が子が笑っている</u>|写真|は、いつ見ても心が和む。
(6)　<u>事故でおおぜいけがをしたという</u>|うわさ|は、本当ではなかった。

　(6)のように、話したことや考えたことの内容を表す際には、必ず「という」を使います。
　日本語では、修飾される名詞を修飾する部分の後に置きます。そ

の分、名詞修飾表現を使う際には、ちょっとした計算が最初に必要です。しかし、人間は、あとから限定することばを付け加えたいと思うことも少なくありません。そんなとき、特に話しことばで現れるのが次のような名詞修飾表現です。

(7) あの本、持ってる？　あの、先週、貸してくれるって言ってた やつ 。

(7)は、「あの、先週、貸してくれるって言ってた 本 、持ってる？」とでも言えるでしょうか。しかし、実際の話しことばでは、(7)のように言うことも少なくありません。

「ところ」を使った言い方も見ておきましょう。

(8) 彼は、沖で溺れているところを漁船に救助された。

(8)の「ところを」は、「彼が漁船に救助された」ときの状況を表しています。「ところを」には、「お忙しいところを、わざわざ来ていただいてすみません。」のような、逆接に近い用法もあります。

Q 作文してみよう

① 音楽を聴いている男の人が後ろに立っていた。
② パリに着いた3日後、彼はローマに発った。
③ 彼は、日本語を教えるボランティアをしている。
④ あの本、持ってる？　あの、先週、貸してくれるって言ってたやつ。

A 中国語では名詞の修飾成分は"的"を使って名詞の前に置かれます。"老王的工作（王さんの仕事）""我的词典（私の辞書）""很大的百货大楼（大きなデパート）"、このように名詞を修飾できるのは、名詞、代名詞、形容詞などですが、そのほか短い文も"的"を伴って名詞の修飾成分になることができます。これは日本語の語順と似ています。

她买来的毛衣，质量不太好。
Tā mǎilai de máoyī, zhìliàng bú tài hǎo.
　彼女が買ってきたセーターは、質があまりよくない。

他们现在讨论的问题是关于环境破坏的问题。
Tāmen xiànzài tǎolùn de wèntí shì guānyú huánjìng pòhuài de wèntí.
　彼らが今話し合っているのは、環境破壊に関する問題です。

　しかし修飾する部分があまりに長いと、頭でっかちになり文のバランスが悪くなります。そのようなときには"有"を使った兼語文にしたり、文を分解して順次説明していく、などさまざまな工夫が必要でしょう。

① **音楽を聴いている男の人が後ろに立っていた。**
　バス停か駅のホームでの光景でしょう。「男の人が後ろに立っていた」がこの文の骨組みとなる［主語＋動詞］で、「音楽を聴いている」は「男の人」を修飾しています。この「男の人」は今はじめて話に登場してきたのですが、そういうとき、中国語ではよく"有"で始まる兼語文を使います。

有一个同学叫刘伟。Yǒu yí ge tóngxué jiào Liú Wěi.
　劉偉というひとりのクラスメートがいる。

このように、まず"有一个同学（ひとりのクラスメートがいる）"と言ってしまいます。この"一个同学"は"有"の目的語ですが、その後の"一个同学叫刘伟（ひとりのクラスメートは劉偉という）"の文の主語になっています。「男の人が後ろに立っていた」も"有"で始めると、"有一个男性站在后边。"となります。"站在"の"在"

は結果補語で、動作の結果が残っていることを表します。

「音楽を聴いている」は動作、状態の持続を表す"着"をつけ"听着音乐"です。これを"的"でつないで、被修飾語の前に置きます。

有一个听着音乐的男性站在后边。
Yǒu yí ge tīngzhe yīnyuè de nánxìng zhànzài hòubian.　　課題①

①の訳としてはこれでいいでしょう。しかし日本語にはありませんが、"戴着耳机 dàizhe ěrjī（イヤホンをして）"のような具体的に状況を説明することばを加え、"有一个戴着耳机听音乐的男性站在后边。"とすると、より中国語の表現らしくなるのではないでしょうか。

② パリに着いた3日後、彼はローマに発った。

「パリに着いた日の3日後」と言うべきところを、日本語では「パリに着いた3日後」と言ってかまいません。これは中国語でも同じです。

　到这里的第二年，他就走了。Dào zhèli de dì èr nián, tā jiù zǒu le.
　　ここへ来て2年目に、彼は行ってしまった。

意味を考えると"到这里"が直接"第二年"を修飾しているわけではありません。"到这里以后的第二年（ここへ来た後の2年目）"ということですが、ふつうは"到这里的第二年"で十分です。②は「パリに着いた3日後」なので"到巴黎 Bālí 的第三天"となります。この「3日後」は「第3日目」のことですから"第"は忘れずにつけてください。中国語では順序、序列を表すときは必ず"第"をつけます。

　第二人称 dì èr rénchēng　　　　第2人称、2人称
　第三排 dì sān pái　　　　　　　3列目
　第一百五十个 dì yìbǎi wǔshí ge　 150人目
　第八章 dì bā zhāng　　　　　　 第8章、8章

「～に発つ」は"去～"ですが、ここではもう行ってしまった、

ということをはっきり表す必要がありますから、文末には"了"をつけましょう。

到巴黎的第三天，他去罗马了。
Dào Bālí de dì sān tiān, tā qù Luómǎ le.　　**課題②**

③ **彼は、日本語を教えるボランティアをしている。**

　ボランティアをしている人は"志愿者 zhìyuànzhě"、ボランティア活動なら"志愿活动"です。③の文をそのまま中国語にすると"他做教日语的志愿活动。"となります。この文が間違った文とは言えませんが、"做（する）""教（教える）"の2つの動詞が並んでいるということもあり、なんとなく安定のいい文とは思えません。簡潔でわかりやすい文にするには、どうしたらいいでしょうか。介詞"作为 zuòwéi（〜として）"を使ってもいいでしょう。

他作为志愿者教日语。
Tā zuòwéi zhìyuànzhě jiāo Rìyǔ.　　**課題③**

"作为志愿者"は介詞句なので動詞句の前に置きます。
　「ボランティア」を活動としてとらえるなら、次のようにも訳せます。

他作为志愿活动教日语。
Tā zuòwéi zhìyuàn huódòng jiāo Rìyǔ.　　**課題③**

さらに"他是日语教师志愿者。"とも訳せます。「彼はボランティアだ」と「彼は日本語教師だ」という2つの情報がちゃんと盛りこまれているのですから、これも③の訳文と言えるでしょう。会話なら"他现在做志愿活动，教日语。"と順に説明をしていくこともできますが、文にするときには、内容の正確さだけでなく、文として自然で安定し、しかも簡潔なものになっているかということも、考えなくてはならないでしょう。

④ **あの本、持ってる？　あの、先週、貸してくれるって言ってたやつ。**

中国語も会話では、主題や、相手にまず言っておきたいことは、文の始めに出しておき、後からそれについて説明を加えていくことがよくあります。

この文では「あの本」は主題ですから、文頭に出します。「持ってる？」の意味は「所有しているか」ではなく「今持ってきているのか」ですから"带来"でしょう。

次の「あの」はただ「ほかでもなく、あの」と限定しているので"就是"を使うといいでしょう。その後の部分は、「誰が」というのを省かないで事実関係がはっきりする文にします。「先週、貸してくれるって言ってた」は「やつ」にかかります。「やつ」はもちろん「あの本」のことです。"那本书"と言ってもいいですが、文頭にも同じ語がありますから、名詞を省略し"那本"にしましょう。

那本书，你带来了吗？就是，上星期，你说借给我的那本。
Nà běn shū, nǐ dàilai le ma? Jiù shì, shàng xīngqī, nǐ shuō jiègěi wǒ de nà běn.

> 課題④

会話では、語順は比較的自由ですから、話の雰囲気の中では次のようなさまざまな文が考えられます。

"那本书，就是上星期你说借给我的，带来了吗？"
"上星期，你说借给我一本书。那本书，带来了吗？"

§20 「仕事を終えた田中は、帰宅の途についた。」
"名詞修飾表現２"

　名詞修飾表現は、何のために使うのでしょうか。次の２つの文を比べてみましょう。

(1) 練習問題ができた 子ども は、先生に見せに行った。

(2) 練習問題ができた 太郎くん は、先生に見せに行った。

(1)と(2)では、同じ「練習問題ができた」という部分が次の名詞を修飾していますが、少し働きが違います。(1)では、「子ども」がおおぜいいる中から「練習問題ができた」ことに該当する人を選んでいます。それに対して(2)では、「太郎くん」は１人しかいませんから選ぶ必要がありません。「太郎くんは、練習問題ができたので、先生に見せに行った。」と言い換えられるように、「練習問題ができた」ことが「先生に見せに行った」ことの理由を表しています。

　(2)のような名詞修飾表現を、もう少し見ていきましょう。

(3) 仕事を終えた 田中 は、帰宅の途についた。

(4) 赤い帽子をかぶった 花子さん 、今日はどこへ行くのかな。

(5) いつもは成功する 山下 も、このときは失敗した。

(3)は、「田中は、仕事を終えて、帰宅の途についた。」と、続けて起きる２つの動作を表しています。(4)は、「花子さんは、赤い帽子をかぶって、今日はどこへ行くのかな。」と、「行く」という動作に伴った状況を表しています。(5)は、「山下は、いつもは成功するのだが、このときは失敗した。」のように、逆接の意味をもっています。

　このような名詞修飾表現は、書くときに特に重要になってきます。

(6) 駅から私の家に来るときは、まず、この通りをまっすぐ公園まで歩きます。そこには、大きな噴水があります。そこを右に曲がって少し歩くとコンビニがあります。その上が私の家です。

(7) 駅から私の家に来るときは、まず、この通りをまっすぐ、大きな噴水のある 公園 まで歩きます。そこを右に曲がって少し歩くとコンビニがあります。その上が私の家です。

話すときには、(6)のように言ったりもしますが、書くときに(6)のようだと、あまり考えて書かれた文章であるようには感じられません。(6)の「そこには、大きな噴水があります。」が、道案内そのものではなく、道案内の途中の場所の説明だからです。このような説明をするときには、(7)のように名詞修飾表現を使いましょう。そうすると、「大きな噴水がある」ことが文として独立せず、結果、他の文のつながりがよくなります。

上手に名詞修飾表現を使うことで、文章全体がひきしまります。

Q 作文してみよう

① 練習問題ができた太郎くんは、先生に見せに行った。
② 赤い帽子をかぶった花子さん、今日はどこへ行くのかな。
③ いつもは成功する山下も、このときは失敗した。
④ まず、この通りをまっすぐ、大きな噴水のある公園まで歩きます。

A (1)の文「練習問題ができた子どもは、先生に見せに行った。」では、「どういう子どもか」ということを説明し、限定を加えています。§19で出てきましたが、このような場合、中国語では"的"を使い、修飾成分を名詞の前に置きます。「練習問題ができた子ども」は"做完习题的孩子"となります。しかし(2)「練習問題ができた太郎くんは、先生に見せに行った。」は「どういう太郎くん」と「太郎くん」について説明しているのではありません。(1)と(2)は名詞の前に置かれた修飾成分は同じことばですが、その内容、働きは違うので、それに応じた訳を考えなければならないでしょう。

① **練習問題ができた太郎くんは、先生に見せに行った。**

これは「太郎くんは練習問題ができたので、先生に見せに行った。」ということです。「こうなったから、こうした」の前半を、名詞修飾表現を使って表している、と言えるでしょう。中国語では、固有名詞の前にはふつう"～的"の修飾成分は使いません。

「こうなったから、こうした」と事の進みを表すには、"一了～就…"が使えます。「練習問題ができた」は完了を表す結果補語"完"を用いて"做完习题"、そこに"了"を入れて"做完了习题,就…"とし、後に続けます。

「先生に見せに行った。」は連動文を使うといいでしょう。連動文では動作をおこなう順に動詞句を並べますから「もっていって、先生に見せた。」という文を作ればいいことになります。「もっていく」は方向補語を使い"拿去"、「先生に見せた」は"给老师看"ですから、次のようになります。

太郎做完了习题,就拿去给老师看。
Tàiláng zuòwánle xítí, jiù náqu gěi lǎoshī kàn.　　**課題①**

①の文は「太郎くんは練習問題ができたので、先生に見せに行った」という「理由→結果」の文とも考えられます。しかし因果関係をそれほどはっきり打ち出しているわけではありませんから、"因为"は省略し"所以"だけを使ったほうが自然な文になるでしょう。

太郎做完了习题，所以拿去给老师看。

Tàiláng zuòwánle xítí, suǒyǐ náqu gěi lǎoshī kàn.　課題①

② 赤い帽子をかぶった花子さん、今日はどこへ行くのかな。

　この文の「花子さん」はいつもと少し違って「赤い帽子をかぶって」います。それで「赤い帽子をかぶった」という修飾成分を「花子さん」の前に置いています。①では、太郎さんがおこなったこと、②では花子さんのある状態、と修飾の内容は異なりますが、やはり②も①と同じように主語は固有名詞ですから、中国語では"的"を使った修飾成分を前につけることはしません。「花子さんは赤い帽子をかぶっているけど、今日はどこへ行くのかなあ。」と考えて訳せばいいでしょう。

　まず「赤い帽子をかぶっている」ですが、メガネや帽子を身につける、は"戴 dài"です。これに状態の継続を表す助詞"着"をつけ"戴着一顶红帽子 dàizhe yì dǐng hóng màozi"とします。帽子の数はふつうひとつですから、日本語なら言う必要もないと思われますが、中国語ではしばしば［"一"＋量詞］も省略しないでつけておきます。

　「今日はどこへ行くのかな。」は"今天去哪儿啊？"です。語気助詞"啊"をつけることによって「～行くのかな。」という軽妙な雰囲気を出すことができます。

花子戴着一顶红帽子，今天去哪儿啊。

Huāzǐ dàizhe yì dǐng hóng màozi, jīntiān qù nǎr a.　課題②

"花子戴着一顶红帽子"で一度区切ると、「赤い帽子をかぶっている花子さん」が際立ち、②の日本語の感じに近い訳文になるでしょう。

③ いつもは成功する山下も、このときは失敗した。

　「いつもは成功する」は"总是成功 chénggōng"ですが、これも①や②の文と同じく、修飾を受ける名詞は固有名詞です。ですから"总是成功的山下"のような"的"を使った修飾表現にはしません。

「山下はいつも成功する、しかしその山下が、このときは失敗した。」というように文をくだいて述べていけばいいでしょう。

　前半は"山下总是成功"となりますが、厳密に言うと日本語の「山下」と中国語の"山下"は同じではありません。日本語の「山下」のような呼びすては、ふつう男性が親しい男性の友達や部下について使うことばです。しかし中国では同年代あるいは目下の親しい人は呼びすてにします。ですから、中国語で"山下"と言うと、日本語の「山下くん／山下さん／山下」に当たり、使用範囲は日本語より広いと言えるでしょう。

　「このときは失敗した。」は「このとき」が一種の主題ですから前に出します。"这次（／这时）"ですが、失敗した時期から時間がたっていると感じているなら"那次（／那时）"を使ってもかまいません。"这"と"那"の使い分けは感覚的なものです。日本語で「この」とあっても、いつも"这"を使うとは限りません。「離れている」感じがあるなら"那"を使ってもかまわないのです。

　"这次失败 shībài 了。"で「このときは失敗した。」ですが、"却"を使うと、予想に反する結果になったことが表せます。山下さんはいつも成功しているのですから、当然このときも成功すると思われていたのでしょう。しかし予想に反して失敗してしまったのです。このような逆転した結果になったことを"却"で表せます。

山下总是成功，这次却失败了。

Shānxià zǒngshì chénggōng, zhècì què shībài le.　　課題③

④ まず、この通りをまっすぐ、大きな噴水のある公園まで歩きます。

　「大きな噴水のある公園」ここがこの課のポイントの名詞修飾表現です。「大きな噴水のある」によって限定され、どの公園かわかるのです。この修飾成分はそう長くありませんから、"的"を使い"有大喷泉 pēnquán 的公园"とします。

　「この通りを」は「この通りに沿って」と考えられます。前置詞句を使い"沿着这条大街 yánzhe zhè tiáo dàjiē"としたほうが、中国

語らしい具体的な文になるでしょう。「まっすぐ〜まで歩く」は到達点を表す結果補語"到"を使い"一直走到〜"となります。

ただ④の文を一文にまとめると長くなりすぎるので、途中で一度区切ったほうが、わかりやすいかもしれません。

先沿着这条大街一直走，走到有大喷泉的公园。
Xiān yánzhe zhè tiáo dàjiē yìzhí zǒu, zǒudào yǒu dà pēnquán de gōngyuán.

課題④

コラム5

いろいろな意味をもつ「て」

日本語には、解釈を文脈に委ねる表現がいくつかあります。複文で特に問題となるのが「て」の解釈です。

(1) マンガの本を買ってき<u>て</u>家で読んだ。
(2) 風邪を引い<u>て</u>学校を休んだ。
(3) 赤い服を着<u>て</u>写真を撮ってもらった。
(4) この庭は、春は桜が咲い<u>て</u>、秋は紅葉が美しい。

(1)の「て」は、続けて起きることを表します。「本を買ってきた。それから家で読んだ。」という意味ですね。
(2)の「て」は、「風邪を引いたから学校を休んだ。」と言うこともできます。「て」は理由を表しています。
(3)は「着たままで」という意味で、(4)は春のできごとと秋のできごとを「て」を使って並べて示しています。
このように、日本語の「て」は、いろいろな意味をもっていて、便利な反面、ちょっと解釈に困るところもあります。中国語には、日本語の「て」のように、いくつかの意味をもつ表現はありますか。

中国語の中で、日本語の「て」のような幅広く使える語は、と考えたときに思いつくのは、接続詞の"而 ér"です。"而"は「而して」と読まれ、日本語でも知られています。古代から使われており、『論語』をざっと見ても、本当にたくさんの"而"を見つけることができます。しかも"而"は死んでしまった語ではなく、現在の中国語の文章の中でも大いに活躍しています。

这张画的色彩艳而不俗。Zhè zhāng huà de sècǎi yàn ér bù sú.
この絵の色彩はあでやかではあるが俗っぽくない。

上の文の"而"は逆接を表していますから、日本語の「が」に当たります。次のように4字でまとまった言い方もあります。

大而不甜 dà ér bù tián　　大きいけれど甘くない
难而有趣 nán ér yǒu qù　　難しいけれどおもしろい

また、「～であり、また…である」という並列を表します。

这个人聪明而认真。Zhège rén cōngmíng ér rènzhēn.
この人は賢くまじめだ。

さらに「～たら…なる」という順接の文も作ります。

日出而作，日落而息。Rì chū ér zuò, rì luò ér xī.
日が出て、そうしたら働き、日が落ち、そうしたら休む。

このような順接の"而"を使った言い方にも、4字でまとまったものが数多くあります。

不战而胜 bú zhàn ér shèng　　戦わずして勝つ
因人而异 yīn rén ér yì　　　　人によって異なる
不欢而散 bù huān ér sàn　　　楽しくない思いで別れる

こうして見ると中国語の"而"は日本語の「て」に勝るとも劣らない活躍をしていることがわかります。

§21 「先生がいらっしゃるので、玄関までお出迎えした。」

"敬語と待遇表現"

　日本語の最大の特徴のひとつと言われるのが敬語です。敬語には、次のような種類があります。

(1)　**先生が**いらっしゃった。
(2)　**玄関まで先生を**お**出迎え**し**た。**
(3)　**はい、山田**です**。**

　(1)の「いらっしゃる」は尊敬語です。「お入りになる」のように、一般的に「お〜になる」という形で表され動作をする人を高めます。(2)の「お出迎えする」は謙譲語です。動作の相手を高める敬語です。(3)の「です」は丁寧語です。「動詞＋ます」と同じく、話し相手や場に対し丁寧に述べる敬語です。このほかにも、「お茶碗」の「お」のような美化語と、「山田と申します」や「さあ参りましょう」というときの「申します」や「参ります」のような丁重語があります。日本語は、複雑な敬語システムをもった言語なのです。
　しかし、敬語を使うことだけが、聞き手に対して丁寧に述べる方法ではありません。

(4)　**すみませんが、ちょっと手伝って**いただけますか**。**
(5)　**「よくがんばったね。」と言って**くれた**ね。あのことばは嬉しかったよ。**

　(4)のように、前置き表現を使うこともひとつの方法です。「おそれいりますが」「すみませんが」のような配慮は、依頼表現をより丁寧にします。また、依頼表現についても、「〜てください」よりも「〜てくださいますか」、さらに「〜てくださいませんか」とすると、より丁寧に聞こえます。(5)のように、恩恵を表す「〜てくれ

る」を使うことも、丁寧に表現するための方法のひとつです。

ほかに、自動詞を使って「お茶がはいりましたよ。」と言ったり、自分が決めた場合にも「今度、結婚することになりました。」と言ったりするのも、動作をした人をことさらに言い立てない、日本語の配慮の表れです。

一方で、敬語は、相手との距離を広げる表現にもなります。深夜帰宅した夫に対し、ふだんは敬語を使わない妻が次のように言ったらどうでしょうか。

(6) **ずいぶん遅くお帰りになりましたね。**

急によそよそしくなったときは、怒っているときです。

日本語の敬語でもうひとつ覚えておきたいのは、話す相手によっては、自分より目上の人でも低めて言わなければならないことがあることです。(7)は他者からかかってきた電話での会話です。

(7) **「はい、山田です。父ですか。父は、今、出かけております。」**

「出かけております」と丁重語を使うことで、外からかかってきた電話の主に対し、謙遜を表します。また、外の人に対して、自分の父を「お父さんは」と言うと子どもっぽく聞こえます。

ときには野卑な表現も必要かもしれません。

(8) **何言ってやがるんだ。**

日本語には、「やがる」のような動作主を低める表現も存在します。

日本語では、自分が相手からどう見られたいかを考えて、さまざまな表現を選んで使っています。

Q 作文してみよう

① 先生がいらっしゃるので、玄関までお出迎えした。
② すみませんが、ちょっと手伝っていただけますか。
③ 父は、今、出かけております。
④ 何言ってやがるんだ。

A 中国語では書かれた文でも、会話で話されることばでも、使われる敬語はきわめて少なく、日本語の複雑な敬語表現に比べると、驚くほどシンプルです。しかし中国語に敬語表現がまったくないかと言えば、そうではありません。昔の中国語には日本語以上の多量で複雑な敬語表現があり、その使い方にも厳しい規則がありました。しかしそれは限られた知識人の間で使われていたようです。

現在の中国語の中で使われている数少ない敬語として、我々になじみ深いのは"你"の丁寧語"您"、人を数えるときの"个"のかわりに使われる"位 wèi"などでしょう。初対面の人に姓を尋ねるとき"您贵姓？ Nín guì xìng ?"と言います。この"贵姓"の"贵"は日本語の「お」や「御」に当たる、丁寧語を作る接頭語です。ことばの丁寧さにもバランスが必要なので"贵姓"の前には"你"ではなく"您"がいいでしょう。"贵"のついた"贵校 guì xiào（貴校）""贵国 guì guó（貴国）""贵公司 guì gōngsī（貴社）"などは正式な文書の中で使われます。

逆に自分を低めることによって相手を高める謙譲語としては"小人 xiǎorén（私め）""小名 xiǎomíng（私の名前）""愚见 yújiàn（私の考え）"のような語がありますが、日常的に使われるものではありません。

　　恭候光临 gōnghòu guānglín　　つつしんでお出でをお待ちいたします
　　务祈笑纳 wùqí xiàonà　　　　ご笑納願います
　　欢迎驾临 huānyíng jiàlín　　　ようこそお出でくださいました

このような表現も、招待状、スピーチなどで使われるものです。

① **先生がいらっしゃるので、玄関までお出迎えした。**

この文では「いらっしゃる」と「お出迎えした」が敬語表現です。「いらっしゃる」に当たる動詞としては"来临 láilín""光临 guānglín"などがありますが、このようなことばは商業文や正式な招待状などに使い、①のような日常会話の中の敬語としては使いません。「お出迎えする」も同様です。ですからこの文は「先生が来るので、玄

関まで出迎えた。」という中国語と同じになります。しかし読み手は"老师（先生）"という語から「先生がいらっしゃる」という敬語表現を感じとるのです。"你来了。"なら「来たね／いらっしゃい」ですが、"您来了。"なら「いらっしゃいませ」と訳したほうがいいのと同じです。

「先生がいらっしゃる」は「まもなくいらっしゃる」という、ごく近い未来に起こることなので"快要～了"を使います。①の文は「～ので」がついて後半につながっています。しかしこの「ので」は理由を受けてその後の結果につなげる、という意味はあまりありません。ですからつなぎのことばは使わず、2つの文を並べたほうがかえって自然です。

後半の「玄関までお出迎えした。」の主語はおそらく"我（们）"でしょう。実際には「玄関まで行って、お出迎えした」わけですから、連動文を使い"去门口迎接老师"としましょう。

老师快要来了，我们去门口迎接老师。
Lǎoshī kuàiyào lái le, wǒmen qù ménkǒu yíngjiē lǎoshī.　　課題①

② **すみませんが、ちょっと手伝っていただけますか。**

この文も「が」が使われていますが、この「が」は逆接を表しているのではなく、単なる文のつなぎの役割をしています。

「すみません。」として最もよく使われるのは"对不起"です。"对不起"は軽い謝りのことばですが、"实在（誠に、実に）"をつけることによって本格的な謝りのニュアンスが出ます。また「心苦しい」という気持ちであれば"真不好意思（本当に心苦しい）"、「面倒をかける、相手にわずらわしい思いをさせる」ということなら"麻烦您"も使えます。

中国語で「～してくれますか／～していただけますか」と言いたいときには、ふつう頼む用件を言ってしまい、その後に"好吗？／行吗？／可以吗？"などをつけます。「手伝う」は"帮忙 bāngmáng"、「ちょっと」は動量詞"一下"ですが、"帮忙"は"帮（動詞）"＋"忙（目的語）"という作りですから"帮一下忙"とします。"帮一

下忙，好吗？"でできあがりです。しかし②は「〜していただけますか。」と丁寧な口調になっています。そのニュアンスを出すために、文頭に"请"をつけましょう。"请"はもともと「相手にお願いする」という意味ですから、この語を使うことによって"请问（ちょっとおうかがいいたします）""请您这边儿来。（どうぞこちらへお出でください）"のような丁寧な言い方ができます。

实在对不起，请帮一下忙，好吗？
Shízài duìbuqǐ, qǐng bāng yíxià máng, hǎo ma ?　　課題②

③ 父は、今、出かけております。

中国語では「出かけております」と「出かけています」この２つの文の違いは出せないようです。

科长出差去了。Kēzhǎng chūchāi qù le.
　課長は出張しております。

科长出差去了吗？ Kēzhǎng chūchāi qù le ma ?
　課長は出張していらっしゃいますか？

このような身内のことを述べる謙譲表現でも、尊敬表現でも、動詞"出差去"の部分は変えようがありません。③も中国語にするなら「父は、今、出かけている」と同じ文になります。"父亲现在出去了。"です。「父」は"爸爸"でなくて"父亲"です。"爸爸"にすると、文全体が子どもっぽくなります。

中国語は話しても書いても、一文がかなり短くなります。そこで相手に正確に聞きとってもらうために、同じことをことばを少し変えて繰り返し言うことがあります。次のような文では「安いか」という問いに対して、「安くない」と答え、もう一度肯定形で「高い」と言って事実を確認しています。

北京烤鸭便宜吗？ Běijīng kǎoyā piányi ma ?
　北京ダックは安いですか？

不便宜，很贵。Bù piányi, hěn guì.
　安くありません、高いです。

③の文も「父は出かけてしまって、今は家におりません。」とすると間違いなく事実を伝えることのできる文になるでしょう。

父亲出去了，现在不在家。Fùqin chūqu le, xiànzài bú zài jiā.　　課題③

④ **何言ってやがるんだ。**

これはけんか腰なものの言い方ですが、「～やがる」というような動作主を低める表現は中国語にはありません。ですから中国語にするなら「何を言っているのだ」と同じ文になります。「何」に当たる中国語は"什么"ですが、"什么"には人を非難したり挑発したりするときに使う、そんな使い方があります。

你说什么！　Nǐ shuō shénme !　　課題④

直訳すれば「あなたは何を言っているのか。」ですが、語気を荒げて"你说什么！"と言えばまさに④の文の中国語訳になります。このほかに次のような言い方もあります。

什么意思？　Shénme yìsi ?
　　どういうつもりなんだ。
有什么了不起？　Yǒu shénme liǎobuqǐ ?
　　何の大したことがあるのさ、何様のつもりだ。

§22 「どちらへお出かけですか。」「ちょっとそこまで。」

"応答表現"

外国人の日本語学習者が聞いて変に感じるやりとりに、次のようなものがあります。

(1) A「あら、どちらへお出かけですか。」
　　B「ちょっとそこまで。」
　　A「そうですか。いってらっしゃい。」

「行き先を知りたがるなんて、Aさんは失礼な人だ。」「『ちょっとそこまで。』では答えていないじゃないか。」など、よく質問や文句がでます。都会ではあまりこのようなやりとりは聞かれなくなりましたが、このような会話は、日本語の典型的なやりとりとして小説やマンガなどでも使われています。

実は、(1)では、どこへ行くかとまともに質問などしていません。むしろ、「こんにちは、いいお天気ですね。」「そうですね。」というような会話に近いのです。知っている人の顔を見たらあいさつをする。その変形と考えればよいのです。

「けっこうです。」や「いいです。」という答え方も、日本語学習者を悩ませます。断るときにも受け入れるときにも「けっこうです。」や「いいです。」と言うのではわからないと言うのです。しかし、この意味を取り違える日本語の母語話者はいませんね。

(2) 「コーヒーいかがですか。」
　　「ありがとう。でも、けっこうです。」
(3) 「先生、こんな書き方でいいでしょうか。」
　　「けっこうです。」

(2)のように、何かを勧められたときの答えである「けっこうです。」

は「いりません。」と断っていますし、(3)のように、評価を求められたときの「けっこうです。」は、OKの意味なのです。これは、「いいです。」でも同じです。特に、(3)のような場合、「ね」を付けて、「けっこうですね。」や「いいですね。」と言うこともありますが、(2)の場合に「ね」は付けません。

最後まではっきり言わずに答えることも少なくありません。

(4) 「今晩、いっぱい飲みませんか。」
　　「今晩はちょっと…」

最近は少し変わってきましたが、はっきり断らないことが相手を傷つけないことでもあるのです。(4)のような誘いに対して「いいえ、飲みません。」と断るのは、日本語では伝統的に野暮だとされてきました。

会話が上手な人は、聞くための短いことばをたくさん用意しています。「なるほど。」「そうですか。」と納得してみせたり、「へえ」と感心してみせたり、はたまた、「それで？」「というと？」と話を続けさせたりするのです。応答表現はコミュニケーションの重要な部品なのです。

Q 作文してみよう

① 「あら、どちらへお出かけですか。」「ちょっとそこまで。」
② 「コーヒーいかがですか。」「ありがとう。でも、けっこうです。」
③ 「先生、こんな書き方でいいでしょうか。」「けっこうです。」
④ 「今晩、いっぱい飲みませんか。」「今晩はちょっと…」

A 知り合いに出会ったら「お早うございます。」「こんにちは。」などの挨拶をし、もう少し親しい間柄なら「お出かけですか。」「ちょっとそこまで。」のような二言三言の会話を交わす、これは中国も日本も同じです。さらに中国では知り合いに会ったとき、何も言わないのは感じのよくないこと、失礼なこととさえ考えられているので、このようなことばのやりとりは日常生活でなくてはならないものです。この場合、ことばを交わすことに意味があるのです。今ではあまり使われなくなりましたが、昔中国人は知り合い同士が出会うと"吃饭了吗？""吃了。"と言いました。これも実際に「ご飯を食べましたか。」「食べました。」と尋ね答えているのではなく、「こんにちは。」のかわりに使われていた決まり文句なのです。

日本語の返答に使われる「けっこうです。」はやわらかく、しかも便利なことばですが、中国語では、具体的に何かを問われたときには、答えも具体的に返すようで"是（そうです）／不是（そうではありません）""要（いります）／不要（いりません）""好（いいです）／不好（よくありません）"と、日本語にしてみると直接的すぎるような答え方をします。

①「あら、どちらへお出かけですか。」「ちょっとそこまで。」

問いは「あら」で始まっています。「あら」に当たる中国語は"哎呀 āiya"ですが、"哎呀"は

哎呀，可不得了！ Āiya, kě bùdéliǎo！ あら、大変！

のように本当に驚いたときに使う感嘆詞なので、①のような軽い口調の文には合いません。ここでは何も言わなくていいでしょう。

「どちら」「お出かけ」は敬語表現ですが、中国語ではこれらに当たる敬語はありません。ただ相手のことを"你"でなく"您"とすることで、文全体が丁寧になり「どちらへお出かけですか。」という文を想像させます。

答えの「ちょっとそこまで。」は「そこ」と言っていますが、どこかを指しているわけではなく、具体的なことは何も言っていませ

ん。ただ「ちょっと出かける」ということですから動量詞"一下（ちょっと）"を使います。"一下"によって動作が軽くなるだけでなく、語気もやわらかくなります。

"您去哪儿啊？ Nín qù nǎr a ?" "我出去一下。 Wǒ chūqu yíxià."
課題①

②「コーヒーいかがですか。」「ありがとう。でも、けっこうです。」

「いかがですか／どうですか」というのは漠然とした尋ね方で、その尋ねる内容も会話の場面によってさまざまです。ここではコーヒーを勧めています。「どうぞ飲んでください。」と勧めるなら"请喝杯咖啡."となりますが、②は相手の意向を尋ねるかたちで勧めています。このようなとき、中国語では「～するのはどうですか。」と具体的に尋ねます。それにはまず尋ねることの内容を言ってしまい、その後に"好吗？／好不好？／行吗？／可以吗？"などをつけます。

"喝杯咖啡好不好？ Hē bēi kāfēi hǎobuhǎo ?" 課題②

中国語の［"一"＋量詞］の数詞"一"はよく省略されます。また誘う気持ちを強く出すなら"吧"を使って"喝杯咖啡吧."とも訳せます。

答えの「けっこうです。」もさまざまな意味をもちます。

有这么多就够。Yǒu zhème duō jiù gòu.
　こんなにたくさんあるなら、もうけっこうです（十分です）。

可以用日元付钱。Kěyǐ yòng Rìyuán fù qián.
　日本円で払われてもけっこうです（かまいません）。

这样就行。Zhèyàng jiù xíng.
　これでけっこうです（よろしいです）。

②の「けっこうです。」は「コーヒーを飲まない」「コーヒーはいらない」ということですから、"谢谢"の後に、"我不喝。（私は飲みません）""我不用了。（私はいりません）"などをつければいいで

しょう。

　"谢谢，我不喝／不用了。Xièxie, wǒ bù hē / bú yòng le."　　課題②

さらにわかりやすい文にするために、次のように言ってもいいでしょう。

　谢谢，够了，我不喝。Xièxie, gòule, wǒ bù hē.

③「先生、こんな書き方でいいでしょうか。」「けっこうです。」

　この会話は、いいか悪いか意見を求めて、先生にいいと言われた、というのと、先生に許可を求めて、そうやってかまわない、と言われた、というのと2つの意味にとれます。いずれにしろ、まず自分がやったことを言います。「こんな書き方」とあるからと言って"这样的写法"としないようにしましょう。"写法"では「書く方法」になってしまいます。自分のやったことですから動詞句を使い"这么写（このように書く）"とします。書いたものの善し悪しを尋ねているなら次のようになります。

　"老师，这么写，好吗（／好不好）？"
　　Lǎoshī, zhème xiě, hǎo ma (/ hǎobuhǎo) ?　　課題③

そしてその答えの「けっこうです。」は「いい」ということなので、次のようになります。

　"好。Hǎo. ／好，没问题。Hǎo, méi wèntí."　　課題③

「このように書いてもいいのか」を尋ねるなら、許可を表す能願動詞"可以"を使い"老师，这么写，可以吗？"とします。答えの「けっこうです。」はこの場合「こうしていい」ということですから、もちろん"可以。"になります。

④「今晩、いっぱい飲みませんか。」「今晩はちょっと…」

　前半の文は、飲みに行くことを誘っています。日本語では「飲みませんか。」と否定疑問にしたほうが「飲みますか。」より相手を

誘っている語気が出ます。だからといって中国語も否定疑問文にしなくてはならないとは限りません。語気助詞"吧"を使えば「飲みませんか、いいじゃないですか。」と相手に同意を求める文になります。ここの「いっぱい」は②と同じように「ちょっと」の意味です。

"今天晚上去喝一杯吧。Jīntiān wǎnshang qù hē yì bēi ba." 課題④

答えの文では「ちょっと…」と、後のことばはぽかしたようになっています。中国語は事実をはっきり述べる傾向がありますから、「ちょっと」の後に省略されていると思われる「用がある」を言ったほうがいいかもしれません。前に"对不起。(すみません)"をつけるとより丁寧な文になり、"有点儿（ちょっと)"によって言いよどむ雰囲気を表せます。

"对不起，今天晚上有点儿事。"
Duìbuqǐ, jīntiān wǎnshang yǒudiǎnr shì. 課題④

もしもっと余韻を感じさせる文にしたいのなら、"今天晚上，想去是想去，可是…（今晩、行きたいことは行きたいのですが…)"というような訳も考えられるでしょう。"是"の前後に同じ語あるいは語句を置き、"A 是 A"とすると、「A は A だが…」という文型ができます。そしてその後には逆接が続きます。

这家餐厅，好吃是好吃，可是有点儿贵。
Zhè jiā cāntīng, hǎochī shì hǎochī, kěshì yǒudiǎnr guì.
このレストランはおいしいことはおいしいが、ちょっと高い。

§23 「おれは、行くぜ。」
"終助詞"

　日本語の文の最後に付く、終助詞の「よ」「ぜ」「わ」「ね」「よね」「か」などは、小さいですが、文全体の発話意図を決める大事な表現です。

(1) きみは、この大学の学生です<u>か</u>。
(2) これ、林さんの財布だ<u>ね</u>？
(3) おれは、行く<u>ぜ</u>。

　(1)のように、「か」で終わる場合、上昇イントネーションを伴えば疑問です。「学生？」と、名詞自体の最後を上げることで疑問を表すこともあります。最近では、「学生です？」と言うことも多くなりました。「か」が下降イントネーションを伴う場合には、自問や納得を表します。(2)の「ね」は、聞き手にほんとうにそうであるかを確認する場合に使われます。もう少し確信が強ければ、「林さんの財布だよね？」と「よね」を用いて確認することもあります。
　(3)の「ぜ」は、聞き手に伝達しようという意図を表します。同じ働きをする「よ」は、「ぼくは行くよ。」のように、話し手の性格が少し違って感じられます。女性が「わ」を使うということは、実際には少なくなったかもしれませんが、この「わ」も働きは同じです。
　終助詞は、小説の中などで、話し手が誰かをわからせるために使われることがあります。

(4) 外は、雪が降り続いている。
　　「寒いわ。」
　　「寒いね。」
　　二人は、そっと寄り添った。

先に「寒い」と言った人が男か女か、これだけでわかりますね。

終助詞に似た「んだ」「んです」も、よく使われます。

(5) どうして来なかった<u>んです</u>か。
(6) 小包が届いてる。うちのだんな、また本を買った<u>んだ</u>。
(7) 彼女のスープは、なんておいしい<u>んだ</u>。

(5)のように、疑問文で「んですか」が使われるときは、説明を求めるという態度を強く表します。特に「どうして」や「どのように」のような疑問詞があれば、だいたい最後は「んですか」で終わります。この「ん」は「の」が変形したもので、単独で疑問を表す場合に、「きみたち、どこから来たの？」や「きみ、学生なの？」と上昇イントネーションを伴った「の？」も、同じように使われることがあります。「頭が痛かったんです。」のように答える場合の「んだ」「んです」は、説明して返すという態度を表します。

(6)のような独り言の「んだ」は、「小包が届いたことから解釈すると、それは即ち『本を買った』ということになる」という結びつきを表しています。「んだ」には、(7)のように感嘆を表す用法もあります。

文の最後に置かれる終助詞や「のだ（んだ）」は、文全体の機能と印象を決めることばなのです。

Q 作文してみよう

① これ、林さんの財布だね？
② 「寒いわ。」「寒いね。」
③ 小包が届いてる。うちのだんな、また本を買ったんだ。
④ 彼女のスープは、なんておいしいんだ。

A 中国語にも多くの語気助詞があり、文の語調や意味、話し手の気持ちを表現するのに大きな働きをしています。語気助詞の中には、疑問を表す"吗"のような比較的わかりやすいものもあれば、"吧""呢""啊"のようにさまざまな使われ方をするものもあります。どんなときに語気助詞をつけたらいいかは、なかなか難しい問題です。

しかし中国語には性別や話し手の属性を表す語気助詞はないので、(4)のように語気助詞によって会話の人物や場面設定が浮びあがってくることはありません。

① これ、林さんの財布だね？

この文は疑問文のようですが、これを言った人は、これがおそらく林さんの財布だろう、と思っていて、そのことに関して相手に確認を求めているのです。それが語気助詞の「ね」からわかるわけですが、このようなとき、中国語では語気助詞の"吧"が使われます。"你是学生吗？"なら単純な疑問文ですが、"吧"を使って"你是学生吧。"とすると「あなたは学生でしょ。／あなたは学生ですよね。」という意味になります。"吧"は次のような文にも使われます。

> 你们好好儿商量商量吧。Nǐmen hǎohāor shāngliangshāngliang ba.
> あなたがたはよく相談してみてくださいよ。
>
> 一个人去也可以吧。Yí ge rén qù yě kěyǐ ba.
> ひとりで行ってもいいでしょ。
>
> 这是他找的那本书吧。Zhè shì tā zhǎo de nà běn shū ba.
> これは彼が探していたその本でしょ。

いずれにしても相手に確認や同意を求める語気を添えますので、①の文も"吧"を使いましょう。

> **这是小林的钱包吧。** Zhè shì Xiǎo Lín de qiánbāo ba.　　課題①

①の日本語では「これ」で一度文を止めており、それによって「これ」に注意がいきます。中国語ではもともと主題になる語は文頭に置いてもいいのですが、さらにそこで一度止めてもかまいません。

ただ"这个（これ）"で切ると文のバランスが悪くなるので、名詞をつけて"这个钱包（この財布）"としたほうがいいでしょう。

这个钱包，是小林的吧。 Zhège qiánbāo, shì Xiǎo Lín de ba. 課題①

② **「寒いわ。」「寒いね。」**
　この文を読むと「わ」「ね」から男女の会話であることがわかりますが、中国語にすると、その違いは出せません。

"真美啊"，她说。

この文も"她说（彼女は言った）"があるからこそ、"真美"は「ほんとうに美しいわね」のような女性らしいことば遣いに訳せるのです。
　「寒い」は"冷"ですが、形容詞の肯定形が文の述語になるときはふつう何らかの副詞をつけなければなりません。とりたてて意味を加える必要がないときは"很"をつけますが、ここは心から「寒い」と感じているようなので"真"を使い"真冷啊。"とすればいいでしょう。
　語気助詞"啊"は感動、警告、要求などの文の文末に使われますが、語調をやわらかくする働きもあります。また少し方言的な感じになりますが、副詞の"好"も感動を表すのに使われるので"好冷啊。"と訳すこともできます。
　答えの「寒いね。」も言っていることは"真冷"ということですが、ここでは「寒いわ。」を受けて「確かにそうだ」と同意していることがわかります。そのニュアンスを出す工夫として"是"を使うのもいい方法です。

"真冷啊。 Zhēn lěng a."**"是真冷。** Shì zhēn lěng." 課題②

こうすれば二人の会話らしい文になるでしょう。

③ **小包が届いてる。うちのだんな、また本を買ったんだ。**
　前半の文では「小包」がはじめて登場するので存現文を使いま

しょう。存現文では動詞が先、出現したり消滅したりするものが後、ですから"来了一个邮包。"となります。小包に個数がついていないことから、ふつうは1個だと考えられますが、中国語では数がひとつでも"一个"はつけておくことが多いようです。

後半に「買ったんだ」とありますが、これは話し手の「どうも買ったようだ」という推量ですから"好像（〜のようだ）"を使って訳せばいいでしょう。

「うちのだんな」にはさまざまな訳語が思いつくのではないでしょうか。男性、女性ともに自分の配偶者として使えるのが"爱人"ですが、それではこの語のニュアンスが出ません。"丈夫"はふつうの意味で「夫」、今は"先生"も夫のことを指すのに使われるようになりました。くだけた感じを出すなら"老公 lǎogōng"などがいいでしょう。その一語で、文全体がくだけた口調になると感じられます。

この文の「また〜だ」には驚いたりあきれたりしている語気があります。「また」に当たる中国語には"再"と"又"があり、"再"は"再见（さようなら／また会いましょう）"でわかるように、これから起こることについての「また」、一方"又"は"小王又来了。（王くんはまたやって来た）"のように物事が再度起こったことを表します。そこから「少々うんざりしている」という文にも使うことができます。文末には、そういう状況が出現したことを表す語気助詞"了"をつけましょう。

来了一个邮包。我老公好像又买书了。
Láile yí ge yóubāo. Wǒ lǎogōng hǎoxiàng yòu mǎi shū le.　　課題③

④ **彼女のスープは、なんておいしいんだ。**
「彼女のスープ」は主題ですから、中国語なら当然文頭に置きますが、①と同じように、一度そこで区切ったほうが感動を表すことができるでしょう。「彼女のスープ」とありますが、"她的汤 tāng"としないで具体的に"她做的汤（彼女が作ったスープ）"としたほうがいいでしょう。

「なんて〜だ」は感動や感嘆の表現です。「(飲んで) おいしい」は"好喝"ですから"真好喝"でもいいのですが、強い感情を表すには、よく副詞の"多"が使われます。

新干线多快啊！　Xīngànxiàn duō kuài a!
　新幹線はなんて速いんだろう！
那个演员演得多好啊！　Nàge yǎnyuán yǎnde duō hǎo a!
　あの役者は演技がなんてうまいんだろう！

"多"を使った文の文末にはよく語気助詞"啊"が使われます。ですから④は次のように訳せます。

她做的汤，多好喝啊！　Tā zuò de tāng, duō hǎohē a!　　課題④

§24 「彼女は、小鳥のように高い声をしている。」
"ことばの技法"

　日本語は、語順が比較的自由な言語です。「田中くんが林さんに話しかけた。」と言っても、「林さんに田中くんが話しかけた。」と言っても、ニュアンスは変わりますが、基本的な意味は変わりません。文の最後に動詞などの述部が置かれていれば、基本的に文法的に正しい文と言えます。

　あえて、動詞などの後に主語や目的語、または副詞を置くと、ちょっとした表現効果が生じます。

(1) **林さんに話しかけたんだって、田中くんが。**
(2) **ぼくらは、長い航海の末、ついに見つけたんだ。宝の島を。**
(3) **ぼくは、彼を許さないよ。絶対に。**

　(1)は、「あの（小心者の）田中くんが」などのニュアンスを感じさせますし、(2)では、「何を見つけたんだろう」という期待感をもたせて、後の「宝の島を」をより効果的に伝えています。(3)では、副詞を後から付け加えることで、強調の意味をより強く表現しています。

　このように、動詞などの後に、その動詞にかかっていく主語や目的語、副詞などを続ける方法を倒置法といいます。

　繰り返すことで、効果的に伝えることばの技法もあります。

(4) **これですよ、これ。私が探していた物は。**
(5) **あいつだけは、絶対に許せない。あいつだけは…**

　(4)は、「これ」を繰り返すことで「他でもないこれだ」と限定していますし、(5)のように、つぶやくように2度目の「あいつだけは」と言えば、強く誓う様を表します。日本語では、「はいはい」や「い

やいや」など、応答のことばもよく繰り返されます（ただし、「はいはい」は、「わかってますよ」という感じがして、失礼に聞こえるときがあります）。

　何かにたとえる比喩という方法も、重要なことばの技法のひとつです。

　(6)　**彼女は、小鳥のように高い声をしている。**
　(7)　**きみはぼくの太陽だ。**

　特に、人以外の物を人のように表現する方法が使われることもあります。

　(8)　**（新一年生を指して）大きなかばんが歩いてる。**
　(9)　**人間によって痛めつけられた地球が、痛いとうめいている。**

(9)のような用法を擬人法といいます。
　さまざまな技法を使って、文章を豊かに表現しています。

Q 作文してみよう

① ぼくらは、長い航海の末、ついに見つけたんだ。宝の島を。
② これですよ、これ。私が探していた物は。
③ 彼女は、小鳥のように高い声をしている。
④ 人間によって痛めつけられた地球が、痛いとうめいている。

A 中国語にも倒置、比喩、擬人法など、ことばを効果的に使うためのさまざまな技法があり、その発想や表現は日本語と似ているものが少なくありません。

小鸟高高兴兴地唱着说——春天来了，春天来了！
Xiǎoniǎo gāogāoxìngxìng de chàngzhe shuō — chūntiān lái le, chūntiān lái le !
　小鳥が嬉しそうに歌っている—春が来た、春が来た！

太阳出来了，一切像刚睡醒的样子，新的一天开始了。
Tàiyáng chūlai le, yíqiè xiàng gāng shuìxǐng de yàngzi, xīn de yì tiān kāishǐ le.
　太陽が出た。すべてが目を覚ましたように、新しい１日が始まった。

このような擬人法を用いた文は、日本語でも中国語でもよく見かけます。

またふつうとは逆の語順にして強調を表すのが倒置法ですが、本来日本語と中国語では文の組みたて方が違うので、ただ機械的に訳したのでは、何を強調したいのかが伝わらなくなる恐れもあります。表現したいことを正確に理解して、それに合った表現を使う必要があります。

比喩も日本語と同じように、「～は…だ」という言い切りの形のものもあれば、「～は…のようだ」という言い方もあります。

人是铁，饭是钢。Rén shì tiě, fàn shì gāng.
　人は鉄、飯は鋼—人はごはんを食べなければ何もできない。

孩子就是国家的宝贝。Háizi jiù shì guójiā de bǎobèi.
　子どもは国の宝だ。

水面像镜子一样反射着阳光。
Shuǐmiàn xiàng jìngzi yíyàng fǎnshèzhe yángguāng.
　水面は鏡のように太陽の光を反射している。

中国語にはまた形容詞として固定した比喩の表現もあります。

　冰冷 bīnglěng　　氷のように冷たい→非常に冷たい
　雪白 xuěbái　　　雪のように白い→まっ白い
　血红 xuèhóng　　血のように赤い→まっ赤な

① ぼくらは、長い航海の末、ついに見つけたんだ。宝の島を。

　この文はふつうの語順なら「ぼくらは長い航海の末、宝の島をついに見つけたんだ。」となりますが、それを①のような並びにしています。さらに本来続けるべきところで読点を使ってことばを止めています。こうすることで文にリズムが生まれ、読む人に先へ先へと興味をもたせる効果を作り出しているのです。中国語にもこのような倒置やことばの一時停止を使った文があり、驚きや感動を表すのに用いられます。

　「～の末に」は"经过 jīngguò～之后"を使えばいいので、「ぼくらは、長い航海の末」は"我们，经过很长的航海 hánghǎi 之后"となります。だんだん話の中心に近づいていくという効果を考えると、"我们～"を後にしてもいいでしょう。

　「宝の島」は目的語で、日本語なら目的語は動詞の前に来るのですが、①は倒置の文なので動詞句「ついに見つけたんだ」の後に置かれています。しかし中国語の語順では目的語はもともと動詞の後に置かれるので、①の文の語順でことばを並べたのでは、ふつうの文になってしまいます。主題になっている語を文頭にもってくることはありますが、それは、その主題について述べる場合なので①のような倒置には合いません。そこでこの倒置の効果を出すために、ことばを止めるのもひとつの方法です。「ついに見つけたんだ」は"终于 zhōngyú 找到了"ですから"终于找到了，一个宝岛 bǎodǎo。"となります。またダッシュを使い"终于找到了— 一个宝岛。"としてもいいでしょう。

经过很长的航海之后，我们，终于找到了— 一个宝岛。
Jīngguò hěn cháng de hánghǎi zhī hòu, wǒmen, zhōngyú zhǎodàole — yí ge bǎodǎo.　**課題①**

　「宝の島」が、すでに存在は知られているが誰も見たことがないものだったら"一个宝岛"は"那个宝岛"となります。"那个传说 chuánshuō 的宝岛（その伝説の島）"なのかもしれません。

② これですよ、これ。私が探していた物は。

　これも①と同じく倒置を使った文ですが、さらに「これですよ、これ。」と同じことばを繰り返すことで、話し手の勢いこんだ口調が表されています。中国語に訳すときも、この繰り返しの効果を生かすようにしましょう。「これですよ」には「ほかでもない」というニュアンスがありますから、副詞の"就"を使います。②の日本語の順に訳すと"就是这个，这个。"となりますが、中国語のリズムを考えると"这个，就是这个。"あるいは"是这个，就是这个。"としたほうが、確信が強まっていく感じを出すことができます。

　「私が探していた物」には「ずっと」という隠れた意味があるので"一直"を入れてもいいでしょう。「探していた」のですから動作の進行を表す副詞"在"を使い"在找"とします。進行の表現は時制とは関係ありませんから、"在"は過去、現在、未来のいつのことにも使えます。

这个，就是这个。我一直在找的东西。
　Zhège, jiù shì zhège. Wǒ yìzhí zài zhǎo de dōngxi.　　課題②

③ 彼女は、小鳥のように高い声をしている。

　「高い声をしている」というのは「彼女は、声が高い」という意味で、そしてその「高さ」に「小鳥のように」という比喩がついているのです。「〜のようだ」は"像〜一样"です。「彼女の声は小鳥のように高い」なら"她的声音 shēngyīn（彼女の声）"を主語にして"她的声音像小鸟一样高。"と訳せますが、③は「彼女は、どんな声か」ということを述べている文です。ですから［主述述語文］を使いましょう。また中国語はより具体的に述べるので、この文も、「彼女は声が高く、（その声は）小鳥のようだ。」と言ったほうが中国語らしい文になります。

她声音很高，像小鸟一样。
　Tā shēngyīn hěn gāo, xiàng xiǎoniǎo yíyàng.　　課題③

④ **人間によって痛めつけられた地球**が、**痛い**とうめいている。

　「人間によって痛めつけられた」が「地球」を修飾しています。ふつう中国語ではあまり長い修飾成分は名詞の前に置きません。ですからこの文も"地球 dìqiú"を主語にして"被"を使った受身の文で始めることもできそうです。

　地球被人类伤害。Dìqiú bèi rénlèi shānghài.
　　地球は人類によって痛めつけられた。

しかしこうすると「地球はこうなって、そして…」と事実を平板に述べる文になってしまいます。どんな状態の地球かと言ったほうが、印象の強い文になるでしょう。④は内容も今日的なものなので、名詞の前の修飾成分が少々長いことも、かえって新鮮な感じを出すかもしれません。「痛めつけられた」は"遭到 zāodào 人类伤害"とすると「人類からそのような目にあわされた」という感じがよく出ます。

　後半の「痛いとうめいている」は擬人法で、日本語でもよく地球を擬人化して表現します。「痛い」とありますが、必ずしも"疼 téng（痛い）"を使う必要はありません。様態補語を使って"痛苦得呻吟 tòngkǔde shēnyín（うめくほど苦痛を感じている）"とする訳し方が④の文には合うようです。

遭到人类伤害的地球，痛苦得呻吟。

Zāodào rénlèi shānghài de dìqiú, tòngkǔde shēnyín.　　課題④

コラム 6

社会的グループのことば

日本語では「寒いわ」は女のことば、「寒いぜ」は男のことばというように、話している人がどのような人であるかを、ことばに反映させることがあります。

時に、博士らしき人が「これでわしは大金持ちじゃ。」と言ってみたり、特定のイメージを出すために、あえて方言を用いたりもします。ひよこだって、マンガの世界なら、「ぼくは、ひよこだっぴー。」と話したりもします。こうして、話している人のことばだけで、その人の属性（どんな人であるか）を表しているのです。

中国語には、このように、特定の社会的グループらしさを表すことばはありますか。

中国で若い女の子がよく憎々しげな口調で"真讨厌！ Zhēn tǎoyàn！（本当にいやだ！）"とか、"该死的！ Gāi sǐ de！（いまいましい！）"と言ったりします。"真讨厌"も"该死的"も女性がよく口にすることばです。しかしこれらが女性専用というわけではありません。"讨厌"は「うるさい、嫌いだ、いやだ」、"该死"は「死んでしまうべきだ」という本来の意味から「救いようがない、腹立たしい、くたばってしまうべきだ、いまいましい」という意味で使われます。

　日本語の「私がやるわよ。」「どうしようかしら。」「俺が行くからな。」のような、ことば遣いだけで話し手の性別がわかってしまう表現は、中国語にはほとんどありません。特に文の最後の変化、「～わよ。」「～かしら。」「～からな。」の違いはまったくないと言っていいでしょう。

　また"古装片 gǔzhuāngpiàn"と言われる「時代劇映画」を見ていると、臣下の者は皇帝のことを"万岁 wànsuì""皇上 huángshang"などと呼び、自分のことをへりくだって"奴才 núcai"と言っています。そして皇帝に関するものには"龙 lóng"の字のついた"龙颜 lóngyán（皇帝の顔）""龙笔 lóngbǐ（皇帝の自筆）"などの特殊な語が使われています。宮廷は特殊な社会ですが、昔は宮廷に限らず、社会的階層によって使われる語彙や言いまわしも複雑に違っていたようです。しかし今現在使われている中国語では、社会的グループを表す表現を見つけることはなかなか難しいようです。もちろん、商売をしている人同士の特殊な表現、ちょっとくずれた感じのことば遣いや表現などはあるでしょうが、それはあまりに特殊な上、各方言でも大きく違います。

　的確なことば遣い、生き生きした描写、成語や歴史的な故事がうまく使われた表現などは、その人のことばの豊かさを表しますから、そういう表現からその人の資質を推しはかれる、ということはあるでしょう。

設問一覧

§1
①この本は、去年、私が書きました。
②この本は、表紙の色がすてきです。
③あ、人が倒れている。
④「ここに林さんはいますか。」「私が林です。」

§2
①(チョコレートを指して)いくつ食べる?
②「お茶をいれてほしいなあ。」「自分でいれてよ。」
③(田中さんに向かって)これ、田中さんに差し上げます。
④社長、社長はこのプランをどう思われますか。

§3
①(ペンを渡して)それが使いにくかったら、あのペンを使って。
②「蓄音機って知ってる?」「何、それ?」
③「ビートルズのHELP!ってレコードを、まだ持ってるよ。」
「あれは、いいアルバムだよね。」
④昨年一年間で円高が急激に進んだ。この影響で輸出産業が多数倒産した。

§4
①ケーキを買いに行ったが、ひとつしか残っていなかった。
②きみこそ、我が社が求めていた人物だ。
③宿題を忘れて、弟にまで笑われた。
④10人も来た。

§5
①(コンピュータの検索結果)該当する項目は、ひとつも見つかりませんでした。
②「田中さんを見なかった?」「はい、見ませんでした。」
③全員が答えられなかった。
④悲しいから泣いているんじゃありません。嬉しいんです。

§6
①昨日は、5時に起きた。今朝も5時に起きたから、まだ眠い。
②彼は、まだ起きてきていない。
③ぼくの傘、ここにあった!
④彼が来る前から、外に出て待っていた。

§7
①愛しています。
②彼は、二度、北海道に行っている。
③地球温暖化が進む中、氷河が少しずつ溶けつつある。
④「あれ、窓が開いている。」「換気のために開けてあるんだよ。」

§8
①見知らぬ人が話しかけてきた。
②「うちに遊びにおいでよ。」「うん、行く。」
③飛行機が東の空から飛んできた。
④株価がじわじわ上がってきた。このまま上がっていくかなあ。

§9
①ぼくたち、大きな魚に食べられちゃうよ。
②日本では、多くの方言が話されている。
③コーチは、試合前に選手たちを走らせた。
④公園で子どもがもっと遊びたがったので、しばらく遊ばせておいた。

§10
①隣の部屋で一晩中騒がれて眠れなかった。
②車を傷つけられて腹が立った。
③兄に数学の問題を教えてもらった。
④久しぶりに雨が降ってくれて、植物が生き返ったようだ。

§11
①倒したんじゃないよ、倒れたんだよ。
②今、建っているビルの横に、もう一棟、同じビルを建てている。
③お茶がはいりましたよ。休憩しましょうか。
④足の骨を折った。

§12
①彼は、1メートルも泳げない。
②この水着は泳ぎやすいね。
③棚の上の荷物に手が届かない。
④一生懸命練習して泳げるようになった。

§13
① 「彼が犯人だ。」「いや、彼は犯人ではないだろう。」
② やっぱり、彼が犯人だそうだよ。
③ (ケーキを見て)わあ、おいしそう。
④ レストランガイドで絶賛されている。この店はおいしいはずだ。

§14
① (立て看板)芝生に入らないこと。
② 少しゆっくり話していただけませんでしょうか。
③ (フリーペーパー)ご自由にお持ちください。
④ 映画を見に行かない?

§15
① きみは、もっと勉強しなければいけない。
② もっと勉強したほうがいいよ。
③ 掃除が終わったら、もう帰ってもいいですよ。
④ 「暖房を消してもいいですか。」「お願いします。」

§16
① 来年こそアメリカに留学しよう。
② 長年の夢だったアメリカ留学を、今年こそかなえるつもりです。
③ おいしいステーキが食べたいなあ。
④ 夫は、テニスのラケットをほしがっている。

§17
① 雨が降るから、傘を持っていきなさい。
② 風邪を引いて学校を休んだ。
③ せっかくケーキを作ったのに、彼は食べてくれなかった。
④ せっかく作ったのに。

§18
① 雨が降れば、お祭りは中止になる。
② デパートに行ったら閉まっていた。
③ お金が十分にあれば、旅行に行くのに。
④ 子どもが寝ている間に、買い物に行ってきました。

§19
① 音楽を聴いている男の人が後ろに立っていた。
② パリに着いた3日後、彼はローマに発った。
③ 彼は、日本語を教えるボランティアをしている。
④ あの本、持ってる? あの、先週、貸してくれるって言ってたやつ。

§20
① 練習問題ができた太郎くんは、先生に見せに行った。
② 赤い帽子をかぶった花子さん、今日はどこへ行くのかな。
③ いつもは成功する山下も、このときは失敗した。
④ まず、この通りをまっすぐ、大きな噴水のある公園まで歩きます。

§21
① 先生がいらっしゃるので、玄関までお出迎えした。
② すみませんが、ちょっと手伝っていただけますか。
③ 父は、今、出かけております。
④ 何言ってやがるんだ。

§22
① 「あら、どちらへお出かけですか。」「ちょっとそこまで。」
② 「コーヒーいかがですか。」「ありがとう。でも、けっこうです。」
③ 「先生、こんな書き方でいいでしょうか。」「けっこうです。」
④ 「今晩、いっぱい飲みませんか。」「今晩はちょっと...」

§23
① これ、林さんの財布だね?
② 「寒いわ。」「寒いね。」
③ 小包が届いてる。うちのだんな、また本を買ったんだ。
④ 彼女のスープは、なんておいしいんだ。

§24
① ぼくらは、長い航海の末、ついに見つけたんだ。宝の島を。
② これですよ、これ。私が探していた物は。
③ 彼女は、小鳥のように高い声をしている。
④ 人間によって痛めつけられた地球が、痛いとうめいている。

著者略歴
永倉百合子（ながくら ゆりこ）
1952年生まれ。東京外国語大学中国語学科卒業。華南師範大学日本語学科講師を経て、現在、中央大学、実践女子大学、大東文化大学講師。
主要著書
『今日からはじめる中国語』（語研）
『基本チェック中国語の文法』（語研）
『中国語検定3級 合格ガイドと直前模試』（語研）
『中国語で短編小説を読もう！〜天下無賊〜』（趙本夫著、共著）（語研）

山田 敏弘（やまだ としひろ）
1965年生まれ。大阪大学大学院博士課程後期課程単位取得満期退学、博士（文学・大阪大学）。現在、岐阜大学准教授。
主要著書
『日本語のしくみ』（白水社）
『国語教師が知っておきたい日本語文法』（くろしお出版）
『初級を教える人のための日本語文法ハンドブック』（共著、スリーエーネットワーク）
『中上級を教える人のための日本語文法ハンドブック』（共著、スリーエーネットワーク）

日本語から考える！ 中国語の表現

2011年3月5日 印刷
2011年3月30日 発行

著 者 © 永 倉 百 合 子
　　　　山 田 敏 弘

発行者　及 川 直 志

印刷所　倉 敷 印 刷 株 式 会 社

発行所　101-0052 東京都千代田区神田小川町3の24
電話 03-3291-7811（営業部）, 7821（編集部）
http://www.hakusuisha.co.jp
株式会社 白水社

乱丁・落丁本は, 送料小社負担にてお取り替えいたします.

振替 00190-5-33228　　　　Printed in Japan　加瀬製本

ISBN978-4-560-08555-4

Ⓡ〈日本複写権センター委託出版物〉
本書の全部または一部を無断で複写複製（コピー）することは、著作権法上での例外を除き、禁じられています。本書からの複写を希望される場合は、日本複写権センター（03 3401-2382）にご連絡ください。

■張乃方 著
中国語実習コース（新装版）

日本での身近な話題を通して，自分の意思を話せるようになる語学力が養える中級学習書．全20課．各課は主文・会話・参考文・自由会話で構成．この一冊で中国語力アップは確実！　A5判　212頁【CD2枚付】

■伊藤祥雄 編著
中国語検定対策 3級問題集

過去問を掲載し，解答を導くためのポイントを詳しく解説．文法を整理しながら練習問題で実戦力を身につけます．CD2枚でリスニング対策も万全．模擬試験・単語リスト付．（2色刷）A5判　203頁【CD2枚付】

■張乃方／内藤正子 著
中国語の手紙

往信プラス返信の2通だて一組でサンプルを網羅．年賀状や暑中見舞いの書き方も一目瞭然．文通のお願いやビジネスレターも思いのまま．応用表現集で微妙なニュアンスの変化も自由自在．　四六判　276頁

■山田敏弘 著
日本語のしくみ

ふだん使っている日本語も，いざ説明しようとすると，なかなか難しい．日本語を教える予定のある人もない人もそのしくみを見つめ直してみませんか．外国語学習にも有益な一冊です．　B6変型　144頁【シングルCD付】